新时代跨境电子商务
新形态系列教材

跨境电子商务
速卖通运营

卞凌鹤 主编

吴晓燕 杨梦 副主编

Operations on
Cross-border E-commerce
AliExpress

清华大学出版社

北京

内 容 简 介

本书以速卖通平台运营框架为基础，围绕店铺开通与装修、选品、产品上传、物流与通关、店铺营销等模块重点讲授实操类运营知识，拆解并分析速卖通卖家后台框架及内容。本书内容基于当前速卖通平台改革后的政策，具有较强的时效性与建设性，其实操理论与方法来源于多家跨境电商企业的实战经验，具有一定的参考意义。

本书作为教材适用于本科或职业院校的跨境电商专业、电子商务专业、国际商务专业等，也适用于企业培训或个人创业。

图书在版编目(CIP)数据

跨境电子商务速卖通运营 / 卞凌鹤主编 . —北京：清华大学出版社，2022.8
新时代跨境电子商务新形态系列教材
ISBN 978-7-302-61266-7

Ⅰ．①跨… Ⅱ．①卞… Ⅲ．①电子商务－高等学校－教材 Ⅳ．① F713.36

中国版本图书馆 CIP 数据核字 (2022) 第 121269 号

责任编辑：张 伟
封面设计：李召霞
责任校对：王荣静
责任印制：宋 林

出版发行：清华大学出版社
  网　　　址：http://www.tup.com.cn，http://www.wqbook.com
  地　　　址：北京清华大学学研大厦 A 座　　　　邮　　编：100084
  社 总 机：010-83470000　　　　　　　　　　邮　　购：010-62786544
  投稿与读者服务：010-62776969，c-service@tup.tsinghua.edu.cn
  质 量 反 馈：010-62772015，zhiliang@tup.tsinghua.edu.cn
  课 件 下 载：http://www.tup.com.cn,010-83470332
印 装 者：三河市金元印装有限公司
经　　销：全国新华书店
开　　本：185mm×260mm　　　印　　张：6.75　　　字　　数：131 千字
版　　次：2022 年 8 月第 1 版　　　　　　　　印　　次：2022 年 8 月第 1 次印刷
定　　价：39.00 元

产品编号：092998-01

丛书编写指导委员会

（按姓氏拼音排序）

主　任：覃　征

副主任：陈德人　陈　进　贺盛瑜　彭丽芳　孙宝文　章剑林

委　员：曹　杰　陈　曦　郭卫东　胡　桃　华　迎　琚春华

　　　　刘业政　倪　明　帅青红　孙建红　孙细明　王刊良

　　　　魏明侠　武长虹　熊　励　杨兴凯　姚卫新　叶琼伟

　　　　尹建伟　于宝琴　张李义　张润彤　张玉林

丛 书 序

在新冠肺炎疫情冲击下，跨境电子商务进出口逆势高速增长。《2021 年度中国跨境电商市场数据报告》显示，2021 年中国跨境电子商务市场规模超 14 万亿元，近5 年增长近 10 倍。为了发挥跨境电子商务助力传统产业转型升级、促进产业数字化发展的积极作用，2022 年国务院在全国 105 个跨境电子商务综合试验区的基础上又新增 27 个，达到 132 个，已经基本覆盖全国。这既是国家对跨境电子商务的扶持，也表明作为新兴贸易业态，跨境电子商务为稳外贸外资基本盘发挥了重要作用。

行业的发展离不开人才培养，尤其是跨境电子商务作为新兴行业，发展时间短，人才紧缺且良莠不齐，因此，如何又快又好地培养出新型人才，成为行业发展的重要任务。 2019 年，教育部在本科专业目录中新设立跨境电子商务专业，第一批批准设立该专业的院校有 7 所。浙江外国语学院成为第一批设立该专业的唯一公办院校。2016 年，浙江外国语学院在小语种专业基础上开设了跨境电商"3+1"实验班和电子商务（跨境电商）复合型应用型人才培养课程，是国内最早开设跨境电子商务人才培养课程的学校。通过几年来的实践，浙江外国语学院摸索出一套校政企协同育人的新举措，推动了跨境电子商务专业本科人才培养的进程，为行业、企业输送了合格的跨境电子商务人才。时至 2022 年底，跨境电子商务专业设立时间只有短短的 3 年，在课程体系的合理性、教学方法的适应性、教材建设的完整性、培养方案的稳定性等方面都尚待完善。因此，浙江外国语学院作为第一批设立跨境电子商务专业的本科院校，在总结已有的教学与实践经验的基础上，编写一套专业课程体系相对比较全面的教材，不仅有重要的现实意义，也有深远的历史意义。本系列教材包括《跨境电子商务概论》《跨境电子商务速卖通运营》等。

本系列教材具有以下几个特点。

第一，这是一套产学研融合一体的学科交叉与复合型教材，经过多年校政企协同育人实践检验。丛书编写指导委员会成员和作者均来自电子商务领域及跨境电子商务综合试验区在内的政府部门、30 余所高等院校、10 家知名跨境电子商务平台企业。

第二，教材编写主要负责单位浙江外国语学院曾与全球领军跨境电子商务平台成功合作系列跨境电子商务人才培养项目，项目的研发和实施为教材编写打下了坚实的基础。

第三，体现新时代、新形态特征。教材内容嵌入二维码链接的各类扩展资源，融入课程思政元素，配备多媒体课件和测试题。既重视学科和专业理论的建树，又践行校政企协同一体化的育人使命。

　　第四，在案例教学中融入人文交流的理念，教材每一章开头配套导学型案例，章节中插入丰富的内容解读型案例。很多案例选材蕴含中国文化，讲解严谨而生动，引领学习者理解理论、探讨热点问题、辨析难点知识，从而达到行之有效的学习效果。

　　在当今的互联网和移动学习时代，知识碎片化程度高，易学但难以致用。本系列教材将从知识的整体性和连续性上，给学习者构建一个理论系统和实践体系。无论是专业教师、跨境电子商务专业或相关专业的大学生，还是对跨境电子商务感兴趣的读者，通过学习，都将会有所收获。希望通过本系列教材的出版，能带动国内外更多跨境电子商务教材的出版，为国内外跨境电子商务领域培养出更多、更好的栋梁之材。

2022 年 7 月 15 日

前　言

近年来，随着跨境电子商务（以下简称"跨境电商"）的不断发展，其市场规模也在逐步扩大。跨境电商作为我国对外出口的新业态，成为国家和社会关注的重点。受新冠肺炎疫情的影响，跨境电商在疫情初期遭受重创，后随着"宅经济"的兴起迎来了复苏。我国作为世界出口大国，在后疫情时代不断推进"国内国际双循环新发展格局"，并在跨境电商发展中取得显著成绩。

全球速卖通（AliExpress，简称"速卖通"）是我国最大的跨境电商 B2C（商家对消费者）出口平台，其业务范围覆盖 220 多个国家和地区。平台的理论与实操是跨境电商专业核心课程的一部分。本书既包括理论教学，又提供实操方法和相关案例，围绕速卖通平台运营结构展开内容，以提高实操能力、应用能力和自学能力为目标，具有较强的实操性。另外，本书写作采用新形态模式，将速卖通关联的拓展知识和学习视频以二维码的形式嵌入书中，方便读者学习。

本书第 1 章为理论部分，介绍速卖通平台成立背景、主要市场及规则。第 2 章为理论与实践相结合部分，介绍注册账号和店铺开通步骤，讲解店铺装修方法。第 3 章与第 4 章为内容承接性较强的章节，重点讲解选品的原理与方法论，在此基础上进行产品操作。第 5 章涉及物流与通关，通过对比多种物流模式、综合分析物流路径，梳理物流模板的设置方法，解析我国跨境电商报关政策，厘清速卖通平台国际小包报关逻辑。第 6 章为营销模块，从站内和站外的角度分析各个营销方式的目的、作用与预期效果。对比各种营销方式的区别，重点讲解了当下时效性较强的短视频和直播营销。第 7 章为客服模块，从日常客服对话、客服指标及不同的客服方式分析客服工作的重要性，从跨文化交流与管理的角度讲解即时沟通、延迟沟通的方法。第 8 章为实操性较强的模块，重点强调数据分析的重要性、方法及应用。第 9 章主要讲解速卖通平台前台支付与后台回款，对比了不同币种背景下，卖家首付款的优缺点。本书的案例、数据及内容均是通过调研全国多家跨境电商企业后得出，结构紧贴速卖通平台运营，内容挖掘度深，实操性强。

全球速卖通平台经过十几年的建设与发展，日趋走向成熟。平台政策和机制也随着时代的发展不断改进。本书在编辑的过程中，基于当下平台运营的政策与方法，但作者水平有限，在写作中仍不免出现一些问题与疏漏，敬请各位读者不吝批评指正。

编　者
2022 年 6 月 26 日

目 录

第 1 章

速卖通平台介绍

【学习目标】
- 了解速卖通平台的主要市场及特点。
- 了解速卖通平台知识产权保护内容。
- 了解速卖通平台禁限售的范围及内容。
- 掌握速卖通平台招商规则。

跨境电商，是指不同国家或地区的交易主体，通过电子商务平台进行交易，最终完成信息流、物流、资金流的闭环反馈，是一种国际商业活动。常见的交易平台可分为 B2B（商家对商家）、B2C 等，阿里巴巴全球速卖通即是跨境电商 B2C 平台的典型代表。

1.1 速卖通平台成立背景

速卖通成立于 2010 年，起初以 B2C 和 C2C（个人与个人）为主要业务方向。受 2008 年全球金融危机的影响，欧洲购买力普遍降低，美国尚未完全走出次贷危机，消费者对价格问题较为敏感。2010 年，我国工业生产平稳增长，企业效益大幅提高，与此同时，进出口总额增长较快，政府与企业积极探索产品出口新路径。速卖通的成立既是我国经济在全球 B2C 市场上的初步探索，也是顺应时代的产物。

随着速卖通的发展与平台间竞争的加剧，速卖通逐渐收紧招商政策，现仅面向指定国家的公司和个体工商户开放。2021 年下半年，速卖通开始实行卖家申请制与邀约制，再次提高平台入驻门槛。就行业而言，速卖通覆盖了服装、家居、3C（计算机、通信和消费电子产品）、美妆等 30 多个类目。其中，服装、美妆和 3C 是其优势类目，也是近年来速卖通重点招商和发展的类目。

作为"淘系"类出海平台，速卖通在平台运营方面与淘宝较为相似，其卖家群体中，有大量来自淘宝平台，因此也被众多卖家称为"国际版淘宝"。目前，速卖通卖家以中国内地为主，俄罗斯、法国、土耳其、西班牙和意大利的卖家也可入驻速卖通。

1.2 速卖通平台主要市场

速卖通平台发展初期的主流市场为俄罗斯、美国、西班牙、巴西。2019 年至今，法国、波兰和智利市场呈现较大的爆发潜力。因此，较亚马逊平台而言，速卖通体现了"小语种国家"的市场特色，形成了以传统主流市场为根基、重点布局小语种市场的竞争策略。一方面，其避免了与强势电商平台在传统存量市场的直接竞争；另一方面，其重点开发蓝海市场的战略布局有利于占领新兴市场，释放海外市场的电商增量。

（1）俄罗斯：俄罗斯是速卖通平台的海外第一大市场，该国人口约 1.47 亿，网民数量约 8 000 万，人均 GDP（国内生产总值）与我国湖北省、山东省基本处在同一水平线。俄罗斯主要的电商平台为速卖通、Wildberries、Aeroflot、Mvideo.ru、Ozon、Citilink。其中，Wildberries 是速卖通在俄第一大竞争对手，与速卖通所占市场份额基本持平，两家电商平台占据整个俄罗斯电商市场份额的 60% 以上。俄罗斯线上消费者倾向购买服装、电子和美妆类产品，鞋服是其在速卖通购买的第一大类目商品。速卖通俄罗斯市场的主要特点为客单价低、购买频次高、18～40 岁为主要网购用户。与此同时，速卖通面向俄罗斯卖家招商，入驻商家多为本地中小企业。

近年来，随着中俄跨境电商贸易关系的发展，双边政府出台了相关产业扶持政策，简化商品报关流程。2013 年 10 月，中俄海关签署了《中华人民共和国海关总署和俄罗斯联邦海关署关于开展特定商品海关监管结果互认的议定书》；同时，国内企业加紧中俄边境仓的建设与系统化完善，缩短了物流配送时长，降低了国际物流成本。

（2）美国：美国作为世界 GDP 总量排名第一的大国，其智能手机普及率高，消费者线上购买力强。该国主流电商平台为亚马逊、Ebay、Walmart.com、Etsy 以及速卖通。其中，亚马逊平台占据一半以上的电商市场份额，且客单价较高。速卖通近些年来在美国增势迅速，美妆、园艺等类目呈现较大潜力。速卖通美国方向物流成本相对较高，一般卖家会针对低客单价的产品设置区域定价，以平衡因物流价格过高造成的经济损失。除传统热销类目外，节日用品、家居等也在后疫情时代呈现较强的增长趋势。

（3）西班牙：西班牙地处欧洲大陆南端，是地中海区域的交通要塞。该国人口约 4 700 万，消费者网购意愿较强。西班牙是速卖通重点布局的市场之一，平台针对该国家设置了独立频道 AliExpress Plaza，邀请金牌、银牌优质卖家入驻，境内发货，保证物流时效和用户体验。同时，速卖通布局西班

视频 1.1　西班牙大服饰类目选品——市场分析

牙线下，在马德里开设了 AliExpress Plaza 的线下实体店。西班牙市场的开发得益于其与国家物流 Correos 的全线合作。2019 年，西班牙 Correos 邮政公司与嘉里物流展开合作，在东莞合作建设物流仓储及分类中心，日均可处理 50 万个从中国发往西班牙及其他国家和地区的包裹。在此过程中，西班牙 Correos 邮政公司主要负责包裹分拣、"最后一公里"运输及报关报检等工作。同时，该公司在西班牙推进自提柜

包裹机，方便用户收取电商包裹。

（4）法国：法国是欧洲购买力较强的国家，全国人口约 6 700 万，人均可支配收入较高，是速卖通的关键市场。速卖通在法国市场的第一大竞争对手为亚马逊，其占据了法国电商市场份额的 30%。速卖通法国市场主要销售类目为服装、配饰、家居等，消费者购买频次高，客单价平均较高。近年来，速卖通在法国重点加强物流建设以提高顾客的体验感。例如，速卖通针对法国推出无忧物流 –10 日达计划，缩短了配送时长，吸引了大量优质买家，从而在中高端产品的竞争中获得有利地位。

（5）巴西：巴西人口超过 2 亿，互联网用户约 1.2 亿，是拉丁美洲互联网用户最多的国家，也是拉丁美洲最大的电子商务市场，占整个拉美电商市场份额的 1/3。巴西消费者的线上购物多在手机端完成，速卖通是最受巴西消费者欢迎的电子商务平台，占巴西电商份额的 23.9%。巴西电商市场销量较好的商品类型为手机配件、家居、娱乐、IT（互联网技术）产品及时尚配饰等。目前，巴西市场跨境电商发展的最大障碍为物流渠道少、配送慢、丢包率高、清关效率低。受新冠肺炎疫情影响，巴西市场爆发了较大的增长潜力。亚马逊和速卖通均在巴西增设海外仓等物流中心，以提高物流配送时效和提升买家体验。后疫情时代，巴西将是广大卖家重点布局的新兴蓝海市场。

（6）波兰：波兰是欧洲第九大国家，国土面积较大，人口近 4 000 万，是近年来欧洲电商市场增长较快的国家，也是速卖通欧洲市场的新兴潜力国家。波兰互联网渗透率达 75%，且网购用户集中在 25 ～ 50 岁之间，家居园艺、健康保健和服饰是波兰买家最常购买的类目。本土电商平台 Allegro 占波兰电商平台 1/3 左右的市场份额。速卖通在波兰市场份额约为 4%，亚马逊则不到 1.5%。疫情期间，波兰市场需求旺盛，速卖通和亚马逊均在物流方面采取措施，以求扩大市场份额。

尽管速卖通平台的主要市场为欧美国家，但拉丁美洲会成为其重点发展的蓝海市场。除巴西外，墨西哥、智利等国均表现出强大的购买力。布局拉美市场，一方面可以避开与电商巨头亚马逊在传统市场中的正面对抗；另一方面可以深挖新兴市场，促进平台产品差异化。

1.3　速卖通平台规则

受国家政策、文化差异、消费习惯等影响，跨境电商平台政策也不尽相同。例如，亚马逊平台仅允许上传白色背景的产品图片，速卖通平台则对图片要求较为宽松。平台会对卖家进行规则监管，对于违反规则的卖家，平台拥有不同程度的处罚权力，如扣分、强制下架、关店甚至冻结资金等。速卖通平台规则主要分为基础规则、招商规则、禁限售商品、知识产权和行业标准等，如图 1–1 所示。

基础规则	招商规则	禁限售商品	知识产权	行业标准
交易 违规及处罚	2020年卖家（中国）续签公告 2020年招商入驻公告解读 速卖通2020年度各类目保证金一览表 2020年速卖通美容健康行业招商公告	限售商品要求（含CE认证要求）NEW 禁限售违禁信息列表	知识产权规则 品牌列表 知识产权学习专区 重点品牌学习 NEW	成人用品行业标准 珠宝饰品行业标准

图 1-1　速卖通平台规则分类

1.3.1　基础规则

基础规则覆盖了商家入驻资质、产品运营、售后服务等整个交易流程中应该注意的事项和行为规范。对于不遵守规则的卖家，速卖通将通过扣分、罚款甚至关店的方式予以处罚。

1.3.2　招商规则

在招商规则中，"保证金制度"是平台特别强调和解释说明的开店制度。2019年 11 月 27 日前，速卖通平台实行的是"年费返还"制度，该返还机制要求卖家达到一定的营业额。改革后的"保证金制度"降低了卖家运营成本，对新手卖家是利好措施。当卖家停止运营电商时，通过关闭申请类目即可在 30 天后获返保证金。卖家销售的产品类目不同，保证金缴纳的金额也不同。其中，真人发（假发及周边）保证金为 5 万元人民币，电子烟和手机为 3 万元，其余基本为 1 万元。

1.3.3　禁限售商品

禁限售商品即为禁止销售和限制销售的商品，一般包括对人体有危害或威胁社会治安的产品，如毒品、危险化学品、枪支弹药、医疗器械、色情暴力商品等。针对产品违规出售的商家，速卖通采用扣分制度进行管理，当卖家被扣满 48 分时，店铺将直接被关闭。需要注意的是，速卖通扣分制度是基于违规性质而设立的。根据卖家违规情节的严重性，最低一次扣 0.5 分，最高一次扣 48 分。因此，这要求卖家在入驻前，了解清楚平台的规则与机制，在允许销售的类目范围选品上架，如表 1-1 所示。

表 1-1　速卖通禁限售规则

处罚依据	行为类型	违规行为情节 / 频次	其他处罚
《禁限售规则》	发布禁限售商品	严重违规：48 分 / 次（关闭账户） 一般违规：0.5 ～ 6 分 / 次（1 天内累计不超过 12 分）	1. 退回 / 删除违规信息 2. 若核查到订单中涉及禁限售商品，速卖通将关闭订单，如买家已付款，无论物流状况均全额退款给买家，卖家承担全部责任

禁限售商品不仅指具体限制的某类型商品，其他相关商品也属于禁限售范畴。例如，某些商品本身符合平台销售规则，但商品包装、文字等涉嫌歧视、侮辱，此类商品也被纳入禁限售范围。

1.3.4　知识产权

知识产权是指权利人对其智力劳动创作的成果所享有的财产权利，各种智力创造如发明、外观设计、文学和艺术作品，以及在商业中使用的标志、名称、图像，都可以被认为是人或组织的知识产权。尽管知识产权有一定的时效性，但包括速卖通在内的各大电商平台均设置了较为严格的知识产权保护制度。一般情况下，卖家在电商平台侵犯知识产权的类型主要有品牌商品侵权、外观设计侵权、图像侵权、名称侵权。商家一旦侵权，速卖通将通过警告、限流、强行下架等方式予以处罚。

具体应用中，关键词、图片是常见的侵权案例。例如，某商家销售的钥匙扣为 Marvel 旗下的钢铁侠头像，商家把 Marvel 作为关键词写在标题中即为商标侵权，将图片上架展示即为品牌商品侵权。除此之外，商家还要注意通用词侵权。例如，Frisbee 为通用名词飞盘，任何投掷类的飞盘都可以叫 Frisbee。但该名词在 2011 年被 Wham-O 公司注册，注册大类包含了 028 toy flying disks。因此，凡是关键词中包含 Frisbee 的标题，均被判为侵权。

1.3.5　行业标准

针对一些敏感类目，速卖通设有行业标准规则。以 3C 数码配件为例，除了要求商品品牌外，对移动电源、电池、充电器等也要求不同的安全认证和产地认证。对目标商品描述的关键词、属性词也有精准要求。速卖通

扩展阅读 1.1　全球速卖通规则（卖家规则）

根据不同行业，收取的类目佣金也不同，一般分为 5%、8% 和 10% 三个标准。

另外，速卖通针对卖家的营销、物流等也有相应规则，具体内容将在本书的对应模块中进行详细解释。

【案例分析】

Tee Turtle 是设计师 Ramy Badie 在 2012 年设计的一个创意品牌。2021 年，其设计的可翻面的章鱼毛绒玩具火爆全网，成为多个玩具榜单的第一名，如图 1-2 所示。

该商品的火爆导致众多卖家跟风销售，仿品及产品周边一夜之间兴起。大量卖家通过改变可逆章鱼的颜色、表情进行销售。部分卖家通过将该章鱼形象印刷到衣物的方式销售其周边衣物。最终，商标持有人将大量卖家告上法庭。

图 1-2　爆火产品图

问题1：章鱼玩具属于商标持有者知识产权的一部分，卖家将章鱼的形象印刷到衣物的行为是否属于侵权行为？长远来看，类似行为会对跨境电商的发展产生何种影响？

问题2：跨境电商卖家若想合法、合规销售同种商品，应采取何种措施？

—— 即测即练 ——

第 2 章

店铺开通与装修

【学习目标】

- 了解速卖通平台的入驻条件。
- 掌握速卖通开店流程。
- 掌握三种店铺类型及区别。
- 掌握店铺装修的技巧。

店铺开通包括注册账号、开通店铺、绑定账户等环节，不同国家的卖家，店铺开通流程不同。店铺正式入驻后，卖家须进行与产品风格相符合的店铺装修，装修风格在较大程度上影响了品牌调性，选择快速的装修工具、定期更新装修模板在客观上影响着消费者的关注度。

2.1 注册账号

速卖通现仅允许公司入驻，暂不支持个体户或个人卖家入驻。同时，速卖通目前仅对中国内地、法国、西班牙、俄罗斯、意大利、土耳其的卖家开放。卖家需登录 https://sell.aliexpress.com 进入注册界面，如图 2-1 所示。

AliExpress Language ∨

请用卖家账号登录（勿使用买家账号）

账号名：

邮箱 / 会员ID / 淘宝帐号

登录密码： 忘记登录密码？

登录密码

登录

现在就免费加入！

图 2-1　速卖通卖家注册界面

注册人需提供图2-2中的所有信息。如果注册人既是买家也是卖家，其所提供的电子邮箱需具备唯一性，即相同的邮箱不可以既注册卖家又注册买家。拥有速卖通卖家账号不等于可以直接运营店铺，账号只是平台的准入口，而获取运营权限则需要对应资质。

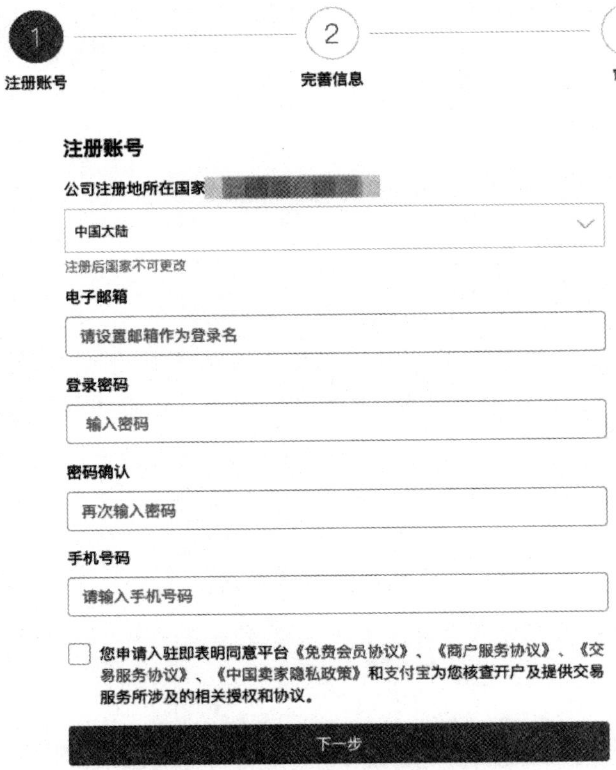

①　②　③
注册账号　　完善信息　　审核

注册账号

公司注册地所在国家

中国大陆

注册后国家不可更改

电子邮箱

请设置邮箱作为登录名

登录密码

输入密码

密码确认

再次输入密码

手机号码

请输入手机号码

☐ 您申请入驻即表明同意平台《免费会员协议》、《商户服务协议》、《交易服务协议》、《中国卖家隐私政策》和支付宝为您核查开户及提供交易服务所涉及的相关授权和协议。

下一步

图2-2　速卖通店铺账号注册界面

卖家账号注册成功后，将进入认证界面。

速卖通要求实体、实名认证，一家实体名下最多可以开设6家速卖通店铺。卖家无法通过一次操作开设6家店铺，需重复"注册－认证－选择类目－缴纳保证金"6次，方可完成6家店铺的开设。

扩展阅读2.1　企业支付宝注册

在完善信息环节，需要注册人选择认证方式。若选择企业支付宝授权认证，则需要注册人在认证前开通并认证企业支付宝，且企业支付宝中的企业信息与速卖通账户的注册信息保持一致。另一种方式为企业法人支付宝授权认证，该方式只需要企业法人个人的支付宝账号扫码完成认证即可，无须单独注册企业支付宝，如图2-3所示。

图 2-3　速卖通信息完善界面

完成认证后，速卖通承诺 2 个工作日内完成审核，但一般情况下，12 小时内即可开通账户。店铺与账户完全开通后，账户包含 1 个主账号与 50 个子账号，账号级别不同，权限也不一样。如图 2-4 所示，系统默认岗位拥有较多权限，但无法将子账号设置为与主账号权限一样的账号，即主账号权限永远大于子账号。

编辑岗位

基本信息

* 岗位名称

Default

* 岗位描述

This role is a default role with all permissions.

权限设置

▸ ☑ 商品
▸ ☑ 交易
▸ ☑ 店铺
▸ ☑ 营销
▸ ☑ 账号及认证
▸ ☑ 数据纵横
▸ ☑ 违规

取消

图 2-4　子账号权限设置

主账号与子账号的具体区别包括以下几方面。

（1）主账号可以看到所有子账号的产品、订单和买家会话，但子账号只能看到自己上传和被主账号分配到的商品。

（2）子账号无法进行收款、提现等与商品现金流相关的操作。

（3）子账号不能进行企业认证或入驻，无法报名营销活动。

在账户设置功能中，卖家尤其要关注"店铺类目指标"，对于不达标的情况，速卖通有权收回类目运营权限。

2.2 开通店铺

店铺资质审核通过后，店铺并未完全开通。注册人根据销售需求选择经营大类，缴纳保证金后方可正式开通店铺，如图2-5所示。

Hi，您好，欢迎来到全球速卖通！

✓	开通国际支付宝资金账户 据有国际支付宝资金账户是您成功交易和资金提现的前提	已开通
✓	开通经营大类 & 缴纳保证金 1. 请根据您的经营方向，申请经营大类权限； 不同经营大类对应不同的保证金金额，请见保证金一览表	立即申请
✓	开通店铺 如您已完成保证金缴纳，可点击右侧开通您的店铺。注意：店铺在完成保证金缴纳后才能成功开通。	开通店铺
✓	申请您的品牌资质授权（非必须），入驻官方店必须申请品牌授权 申请您的品牌资质授权（非必须），入驻官方店必须申请品牌授权	立即申请

图 2-5　店铺开通界面

速卖通经营大类分类表具有一定的特殊性。每个速卖通账号只准选取一个经营范围，部分类目需要一定的资质和要求。另外，速卖通的类目可"共享发布"。例如，珠宝手表与服装配饰为两个不同的类目，但卖家如果申请珠宝手表类目，也可发布服装服饰类目下的大部分子类目（男装、女装、内衣、婚庆、配饰等）。同样，如果卖家申请服装配饰类目，也可发布部分箱包类目的产品。

扩展阅读2.2　部分类目资质要求

由于不同电商平台对其下设类目分类不同，建议卖家在选择大类时，重新查阅自身商品所属类目，关注不同阶段对类目资质的要求。类目选好后，卖家即可缴纳保证金，如图2-6所示。

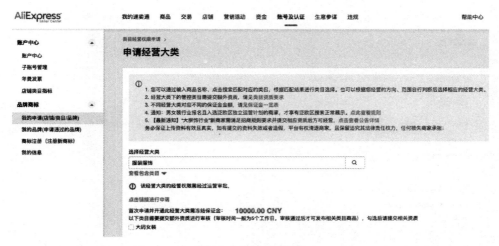

图 2-6 保证金缴纳

需要注意的是，虽然缴纳保证金的支付宝账号不受限制，但考虑到实体属性，建议使用注册店铺时，认证实体的支付宝账号。支付宝冻结的是"余额"中的保证金，因此，卖家需要保证支付宝"余额"下有充足的资金。被冻结的保证金可在 PC（个人计算机）端登录支付宝 – 商家中心 – 资金管理中查询到相关信息，暂不支持移动端查看。

另外，卖家如果退出速卖通经营大类，账号退出类目 30 天后会解冻，卖家第 31 天即可查询到余额退回情况。如果店铺存在违规行为被冻结，保证金不予退回。

完成类目申请后，商家需继续完成品牌申请，以便后期可以销售品牌下的商品。如果商家持有中国、美国、欧盟或其他平台允许范围内的国家品牌，均可获得平台承认，代理商可以上传品牌授权书获得入驻资格。品牌入驻方需要提供如图 2-7 所示的信息。

扩展阅读 2.3 欧盟商标注册流程

品牌审核完毕后，商家可根据自身运营意向选择店铺类型。当下，速卖通有官方店、专卖店和专营店三种类型。

（1）官方店：商家以自有品牌或由权利人独占性授权（仅商标为 R 且非中文商标）入驻速卖通开设的店铺。

（2）专卖店：商家以自有品牌（商标为 R 或 TM 状态且非中文商标），或者持他人品牌授权文件在速卖通开设的店铺。

扩展阅读 2.4 R 标与TM 标的区别

（3）专营店：经营 1 个及以上他人或自有品牌（商标为 R 或 TM 状态）商品的店铺。

对于走品牌化路线的商家而言，官方店相对较权威，能把控销售渠道，快速积累商业口碑。专营店适合批量铺货的卖家，选择范围广，管理成本较低，但在开通店铺时，需上传品牌持有人的授权书与身份证，以确保品牌真实性。

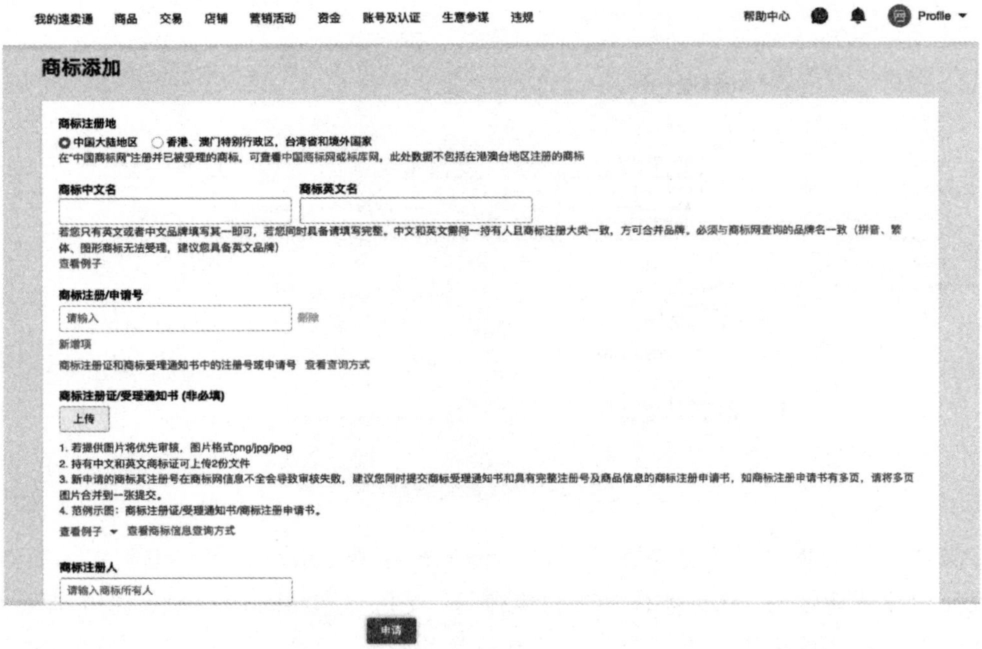

图 2-7　品牌申请

设置好店铺类型后，商家须完善店铺周边内容，如店铺名称、头像、二级域名等。需要注意的是，二级域名一经注册不能修改，需谨慎使用该功能。

当完成上述所有步骤后，卖家可正式进入速卖通运营界面。速卖通运营界面主要由七个数据模块组成，如图 2-8 所示。

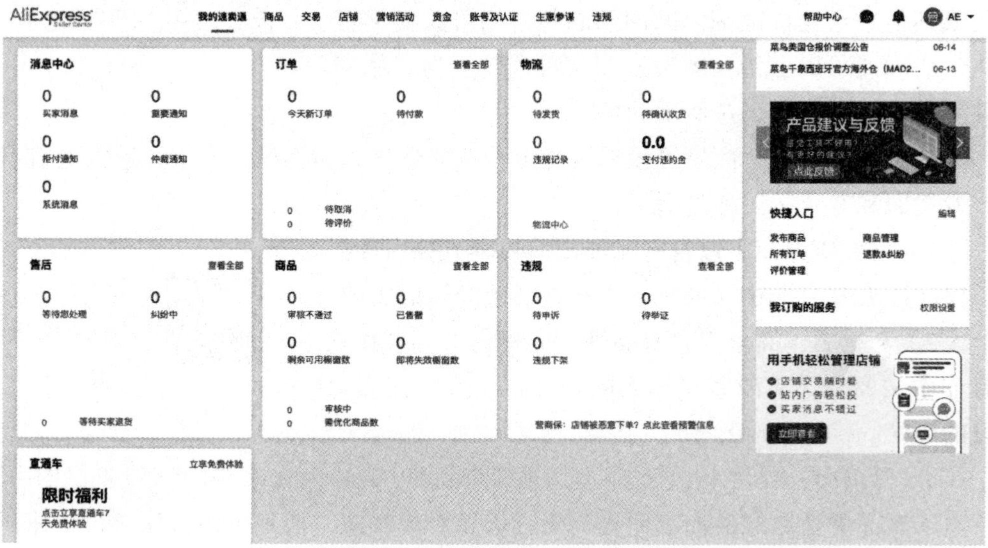

图 2-8　"我的速卖通"运营界面

（1）消息中心：买家后台询盘、速卖通平台通知、纠纷结果查询。

（2）订单：包括当天订单数量和买家下单未付款的数量。

（3）物流：线上未发货的订单数量及包裹在途数量。

（4）售后：买家发起纠纷后，客服处理案件进度的情况。

（5）商品：集中反映商品质量、数量、展示及待优化的情况。

（6）违规：商家操作过程中不符合平台规定的行为处罚及申诉。

（7）直通车：通过付费的方式获得流量，进而完成转化的营销工具。

在店铺开通的过程中，卖家还需要设置定价单位，如果卖家对回款后的美元有其他用途，可采用美元定价。同时，美元定价可以更好地区分经济类物流和标准类物流的使用界限，定价较为稳定。如果卖家采用人民币定价，则可避免由于汇率变动带来的经济损失，但由于前台价格跟随人民币汇率上下浮动，可能导致卖家选择物流路径不清晰（可参考 5.2.1 节）。卖家一旦设置人民币收款，将无法再更换为美元收款。可根据店铺需求，选择定价单位。

2.3　店铺装修

店铺装修是指针对卖家店铺首页进行移动端和 PC 端的美化与分类。速卖通移动端店铺和 PC 端店铺装修功能不可打通，卖家需要装修两次。

速卖通店铺装修主要包括以下内容。

1. 图文模块

（1）商品分组：是指店铺运营方将销售商品按照种类分组，分组后店铺前台显示组别导航栏，方便买家搜寻产品，便于卖家结构化管理。

（2）轮播图：是指店铺首页轮流播放的海报，一般出现在首页的上方。

（3）热区：是指将一张整体图片虚拟切割成不同部分，用户通过单击可至不同的链接区域，进而提高商品曝光与转化。

各类模块均在界面左方展示，卖家可通过拖曳的方式将其拉入右侧进行编辑，如图 2-9 所示。

2. 营销模块

营销模块是卖家通过设置不同优惠券，以海报图片形式嵌入店铺首页展示中，以此来促进商品转化。速卖通店铺装修可植入的营销模块有满件折、粉丝专享店铺优惠、粉丝专享折扣商品、邀请活动和店铺签到有礼。

3. 产品类

在首页装修中，按类型、利润、热销程度等展示商品的区域，包括商品列表、排行榜、猜你喜欢、新品、智能分组等。

店铺装修可通过速卖通平台自带的拖曳模块实现，操作简单易上手。平台自带装

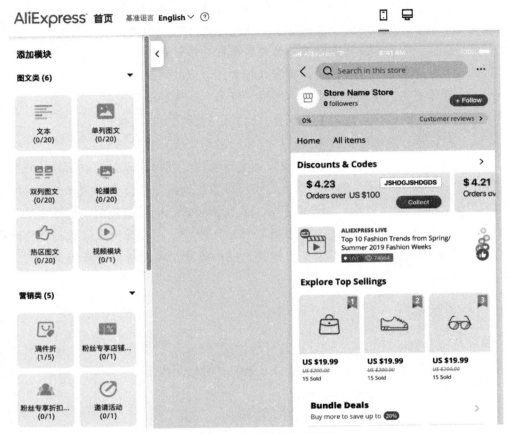

图 2-9　店铺移动端装修界面

修模板，用户可直接套用模板格式，在此基础上进行个性化修改。除此之外，用户可借助诸如 Canva 等设计软件的专业制图工具批量制作轮播图、海报等。新手操作可使用智能化一键装修，智能化首页会通过智能化模块对店铺的热销、店铺的满件折营销活动进行推广，按照宝贝分类及新品进行用户浏览的引导，模块均为系统算法自动实现实时更新，无须用户操作。

【案例分析】

小吴为某品牌的所有人，自该品牌注册以来，并未进行以该品牌冠名的生产或销售，而是将品牌按年授权给小王做速卖通平台运营。小王获取小吴品牌授权后，每年支付小吴一定的"品牌使用费"。经过 5 年的运营发展，小王将该品牌做成速卖通平台小有名气的品牌店铺。后小吴拒绝与小王续签品牌授权合同，小王将小吴告上法庭。当事人小王认为，尽管小吴持有商标，但实际运营及商标获取的溢价是由其公司完成的。因此，小王认为小吴若收回商标授权，小吴应向小王支付过去 5 年运营商标的费用及赔偿款。或小吴应将商标转让，小王支付一定的商标转让费。

问题 1：你认为小王的诉求是否合理？为什么？

问题 2：如果你是速卖通平台方，考虑到小王运营的品牌能为平台带来形象价值，会从哪些方面介入或协调此事？

即测即练

第 3 章

选　品

【学习目标】

■ 了解速卖通平台选品思路。

■ 掌握 Google Trends 及站内选品的方法。

　　跨境电商店铺的运营模式宏观上分为铺货模式和精细化运作模式。对于没有工厂和货源的中小卖家，铺货模式往往是其首选。按照路径，选品可分为站外选品和站内选品。按照方式，选品可以分为数据选品与洞察选品。上述四种选品方式并非独立的并列关系，而是互相交叉、综合运用。

3.1　站外选品

　　站外选品即依托平台外的选品工具进行大数据筛选和分析，得出当下流行趋势和产品数据。

　　站外选品可借助 Google Trends、Facebook 等软件，以 Google Trends 为例，其中

视频 3.1　西班牙大服饰类目站外选品

文名为谷歌趋势，是谷歌公司开发的一款用于分析用户在 Google 中搜索过的条目的服务。用户通过选定目标国家或地区，可获得搜索条目的关注度、差异和趋势。跨境电商卖家通过搜索关键词，可分析商品热度及潜力区域，进而进行选品和上架。

　　以中国卖家在美国销售帽子为例，用户登录 https://trends.google.com/，调整语言和目标区域后输入关键词，如图 3-1 所示。

图 3-1　Google Trends 首页

在搜索框中输入关键词"帽子（hat）"，即可得出在默认时间（过去 12 个月）内，目标国家的互联网用户的搜索趋势。需要注意的是，搜索框中的输入文应为目标市场用户的母语。如果用中文搜索，Google Trends 分析出的趋势并不是翻译后的关键词搜索趋势，而是目标国家用中文搜索该关键词的趋势，得出的结果也是不精确的。

所有类别的选项，可以反映关键词在不同的信息领域的活跃程度。假设关键词 hat 在"购物"这一类别中表现活跃，即可进行对"购物"这一信息领域的场景提取。提取的过程主要通过商家对目标场景的洞察、总结与运用来实现。经过提取的场景可以运用在直播场景、Feed 流场景中，进而提高精准营销度。

如图 3-2 所示，在 Google Trends 网页搜索中，默认 Google 图片搜索、Google 新闻搜索、Google 购物以及 YouTube 搜索四个搜索路径。通过选取不同路径的搜索热度，可以观察用户活跃的搜索路径，在后期 Google 站外广告投放中，将广告费用做合理预算与配置，进而提高广告的 ROI（投资回报率）。

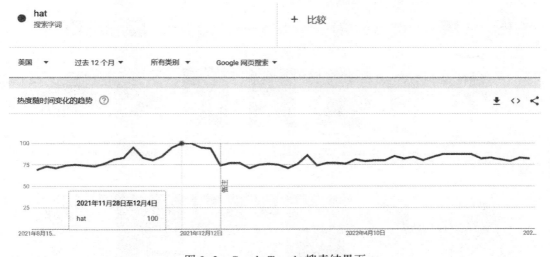

图 3-2　Google Trends 搜索结果页

谷歌趋势会根据搜索目标显示目标市场的地图及搜索热度。搜索热度即表示目标市场不同省份或区域中的流行程度，卖家通过目标商品的热度，可以提前布局海外仓备货数量及时间，节省物流成本。同时，在相关主题和相关查询中，也可以获取有效信息。一方面，相关度反映了潜在买家的关注趋势和喜好风格；另一方面，相关搜索可以反向提示卖家商品关键词的编写，进一步精确关键词，从而捕获精准流量。

如图 3-3 所示，搜索量上升最快的为 appa bucket hat。若商家不清楚热度词的产品所指，可借助搜索引擎进行二次搜索。

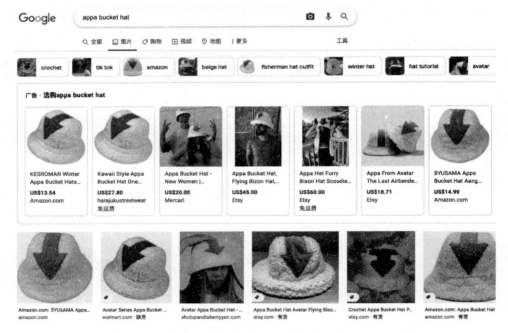

图 3-3　Google Trends 相关查询

在谷歌图片中搜索该词，便能更直观地了解当下美国最流行的帽子款式，如图 3-4 所示。

图 3-4　Google 图片搜索目标关键词

同时，经搜索分析发现，hat 为品类一级词汇，bucket（渔夫帽）为品类二级词汇，提示卖家所售帽子的关键词编写需描述精准，将 hat 与 bucket 按照关联程度依次排开。英语基础薄弱的卖家一般关注点在一级词汇，通过搜索分析后，可以针对自己商品的类型，对比产品关键词的热度，从而决定关键词排序和店铺产品比例分配。基于此，帽子卖家可继续搜索 hat、bucket、cap（鸭舌帽）在同一时间维度的热度表现，如图 3-5 所示。

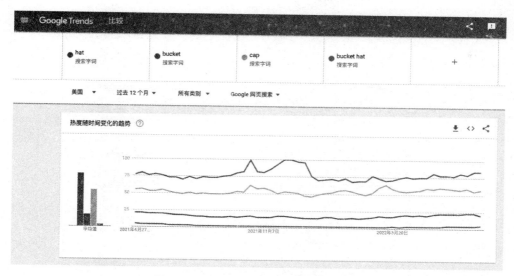

图 3-5　Google Trends 关键词搜索热度

　　通过分析，可以了解到过去 12 个月内，美国互联网用户搜索 hat 的频率最高，其次是 cap，继而是 bucket。如图 3-6 所示，在相关查询中，卖家可以依次搜索排名前 5 的关键词所对应的产品，进而将流行趋势做总结归纳，反馈至供应链市场端。

	子区域 ▼		
1	俄亥俄州	100	
2	密歇根州	84	
3	犹他州	80	
4	印第安纳州	78	
5	华盛顿	77	

‹ 当前显示的是第 1-5 个次级地区（共 51 个） ›

图 3-6　bucket 搜索热度图

　　结合图 3-6 与图 3-7，发现鸭舌帽和渔夫帽基本无共同的搜索热区。此时，综合类帽子商家需要借助站内分析工具，如生意参谋等进行深入分析。结合消费者购买地域与实际转化金额来判断海外仓设定位置。

图 3-7　cap 搜索热度图

因此，结合图 3-6 和图 3-7，卖家可以采取以下措施来完善选品和关键词编写。

（1）店铺布局以鸭舌帽为主，鸭舌帽比例大于渔夫帽。

（2）渔夫帽广告投放和海外仓布局重点集中在俄亥俄州、密歇根州和犹他州。

（3）鸭舌帽广告投放和海外仓布局重点集中在华盛顿、威斯康星和新罕布什尔州。

（4）关键词的核心词为目标商品的二级词（鸭舌帽、渔夫帽），一级词作为次核心词与流量词排中间位置，"二级词＋一级词"的排序方式不利于获得流量，需拆分排序。

Google Trends 可以帮助卖家在宏观上判断产品的流行趋势，不受平台类型的限制。但针对速卖通而言，站外选品＋站内选品的方法有利于将选品做到精细化、差异化。

除了工具类选品渠道，对于初创卖家而言，还可以使用利基选品法。"利基"一词是 niche 的音译，按照菲利普·科特勒在《营销管理》中给利基下的定义：利基是更窄地确定某些群体，是一个小市场，并且它的需要没有被服务好，企业在确定利基市场后往往是用更加专业化的经营来获取最大限度的收益，以此为手段在强大的市场夹缝中寻求自己的出路。尽管利基强调的是小市场，但这仍是一个比例概念。对于初创卖家而言，在供应链、价格、经验中都处于弱势地位，使用利基选品法，不仅可以节省成本，也可以让店铺快速获得流量，积累原始数据。例如，西班牙巴塞罗那是世界大型展会的主要举办地，每年大量的户外展会均在此举行。展会主办方用以固定展位的帐篷夹子需求数量大、分布散、易丢失，在互联网发布采购申请后，因关注度较少导致需求无法得到满足。类似上述情况的市场需求，要求卖家或者调研方拥有一定的洞察能力，同时增加通识类课程的学习，才能不断发现利基产品，进而抢占先机。

利基选品相对于 Google Trends 等站外分析软件的选品，更加依赖个人的洞察力以及对各类知识的掌握程度。它要求选品人对目标市场了解透彻，需要掌握一定的市场营销、消费者心理学、消费者行为学等学科的知识。因此，利基选品属于软选品的范畴，即不依赖技术，通过发挥个人主观能动性的深度市场调研的洞察类选品方式。而诸如 Google Trends 等强调筛选精准数据的方式则属于硬选品。对于垂直市场的卖家而言，软选品有利于发掘蓝海产品，尽早介入生产，进而缩短供应链时间，提高商品竞争力。

3.2 站内选品

站内选品是指借助平台系统自带的工具进行产品的数据分析。速卖通站内选品在"生意参谋"模块。生意参谋是速卖通平台针对店铺的流量、品类、营销、物流、市场等开设的数据分析模块。用户可通过监测该部分指标，了解店铺运营的实时动态。市场大盘和选品专家是用户在选品时最常用到的两个功能。市场大盘主要提供统计时间内的宏观数据监测，最少统计 7 天内的行业变化，最多可见 1 个月的行业数据，如图 3-8 所示。

图 3-8 市场大盘行业数据图

行业趋势共由 10 个指标构成，用户通过调整监测时间段和行业即可了解目标商品的行业走势。如表 3-1 所示，通过分析行业趋势，可以诊断店铺现有商品排布是否处于健康状态。加购和收藏指标提升可以帮助卖家提高整体商品的曝光。因此，上述指标可反映统计时间内，店铺商品整体运营的趋势。

表 3-1 行业趋势术语解释

术 语	释 义
访客指数	访问商品详情页的去重人数，一个人在统计时间范围内访问多次只记为一个。所有终端访客数为 PC 端访客数和无线端访客数直接相加之和
浏览商品数	买家浏览商品的数量
商品浏览率	浏览商品数 / 曝光商品数（曝光商品数，该指标未在对应界面透出）
供需指数	所选类目的需求人数 / 供给商家数
客单价	所选类目的支付金额 / 支付买家数
商品加购人数	商品被加入购物车的人数
加收藏人数	商品被收藏的人数
搜索指数	所选类目下搜索次数的指数化指标
交易指数	所选类目下支付金额的指数化指标
父类目金额占比	所选类目占父类目的支付金额占比

微观上，卖家可以通过界面下方的行业构成来缩小产品范围。以帽子为例，搜索指数较高的是棒球帽，但增长潜力较大的是嘻哈鸭舌帽。通过观测行业构成，尤其是参考供需指数比值（速卖通调整供需指数计算方式前，指数越大，竞争越小。后经改良计算方式，现指数越大，竞争越大），可以按热榜比例合理分布店铺商品，如图 3–9 所示。

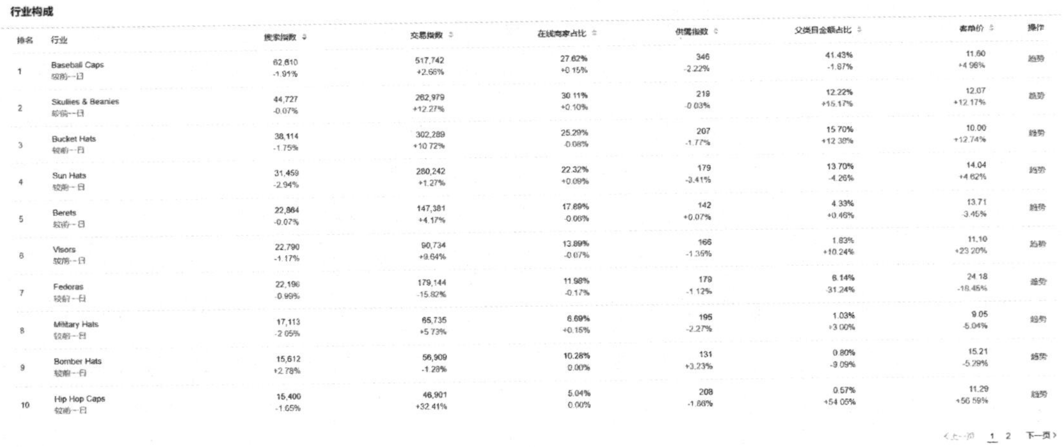
行业构成

排名	行业	搜索指数	交易指数	在线商家占比	供需指数	父类目金额占比	客单价	操作
1	Baseball Caps 较前一日	62,810 -1.91%	517,742 +2.66%	27.62% +0.15%	346 -2.22%	41.43% -1.87%	11.60 +4.98%	趋势
2	Skullies & Beanies 较前一日	44,727 -0.07%	262,979 +12.27%	30.11% +0.10%	219 -0.03%	12.22% +15.17%	12.07 +12.17%	趋势
3	Bucket Hats 较前一日	38,114 -1.75%	302,289 +10.72%	25.29% -0.08%	207 -1.77%	15.70% +12.38%	10.00 +12.74%	趋势
4	Sun Hats 较前一日	31,459 -2.94%	280,242 +1.27%	22.32% +0.09%	179 -3.41%	13.70% -4.26%	14.04 +4.62%	趋势
5	Berets 较前一日	22,864 -0.07%	147,381 +4.17%	17.89% -0.06%	142 +0.07%	4.33% +0.46%	13.71 -3.45%	趋势
6	Visors 较前一日	22,790 -1.17%	90,734 +9.64%	13.89% -0.07%	166 -1.36%	1.83% +10.24%	11.10 +23.20%	趋势
7	Fedoras 较前一日	22,196 -0.99%	179,144 -15.82%	11.98% -0.17%	179 -1.12%	6.14% -31.24%	24.18 -18.45%	趋势
8	Military Hats 较前一日	17,113 -2.05%	65,735 +5.73%	6.69% +0.15%	195 -2.27%	1.03% +3.00%	9.05 -5.04%	趋势
9	Bomber Hats 较前一日	15,612 +2.78%	56,909 -1.28%	10.28% 0.00%	131 +3.23%	0.80% -9.09%	15.21 -5.29%	趋势
10	Hip Hop Caps 较前一日	15,400 -1.65%	46,901 +32.41%	5.04% 0.00%	208 -1.88%	0.57% +54.05%	11.29 +56.59%	趋势

<上一页 1 2 下一页>

图 3–9 帽子关键词搜索排名

另外，用户还可通过选品专家来观测类目商品的竞争力，如图 3–10 所示，深色代表竞争大的产品，浅色代表竞争小的产品，圆圈越大，产品销量越高。

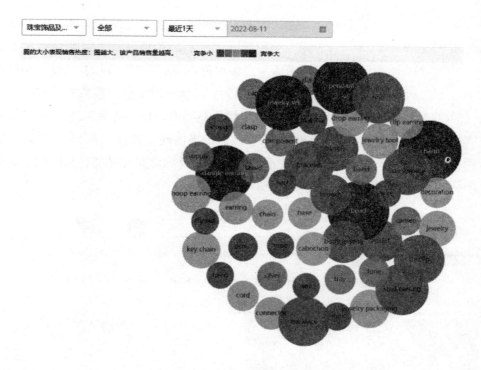

图 3-10 商品竞争力比较图

商家可单击界面右侧的下载，生成 Excel 表格，如图 3-11 所示，即可直观地判断商品热度。

	A	B	C	D	E	F	G
1	行业	国家	productKeyword	tradeOrde	buyRatio	supplyBuyRatio	
2	"流行饰品	全部国家	additional pay on you	6	21	0.09	
3	"流行饰品	全部国家	alloy	2	38	0.17	
4	"流行饰品	全部国家	anklet	9087	4	3.77	
5	"流行饰品	全部国家	bandana	2	28	0.08	
6	"流行饰品	全部国家	bangle	11317	14	4.06	
7	"流行饰品	全部国家	bead	72980	10	7.32	
8	"流行饰品	全部国家	body jewelry	27092	2	3.71	
9	"流行饰品	全部国家	bracelet	105306	6	4.93	
10	"流行饰品	全部国家	brooch	37946	13	3.16	
11	"流行饰品	全部国家	charm	17240	16	7.57	
12	"流行饰品	全部国家	clip	9	23	0.02	
13	"流行饰品	全部国家	clip earring	7209	9	1.87	
14	"流行饰品	全部国家	connector	6	22	0.11	
15	"流行饰品	全部国家	costume badge	2	31	0.75	
16	"流行饰品	全部国家	dangle earring	93141	1	6.56	
17	"流行饰品	全部国家	drop earring	17	27	0.02	
18	"流行饰品	全部国家	earring jacket	47	24	0.76	
19	"流行饰品	全部国家	fishing tackle box	2	44	0.07	
20	"流行饰品	全部国家	fruit	2	36	1	
21	"流行饰品	全部国家	gift	2	43	0.05	
22	"流行饰品	全部国家	hair jewelry	10846	11	4.83	
23	"流行饰品	全部国家	hardware	2	37	0.33	
24	"流行饰品	全部国家	headwear	143	18	0.3	
25	"流行饰品	全部国家	hoop earring	18821	3	2.88	

图 3-11 商品竞争力比较

视频 3.2　重点推广如何选品和选词

确认好产品类型后，卖家可以继续通过前台搜索的方式，来控制自己产品的价格区间。需要注意的是，尽管速卖通平台客单价不高，但并不意味着产品价格越低，竞争力越大。以戒指为例，在前台搜索框中输入 ring，筛选栏的价格区间自动由低到高分为 5 档。销量最高的价格区间为 1.59 ～ 3.33 美元，占戒指类目买家的 44%。0 ～ 0.89 美元为最低价格区间，销量约占 8%。因此，定价也是商家在类目内部选品时需要重要考虑的因素，合理分布商品的价格区间，有利于提升产品的曝光和转化，如图 3-12 所示。

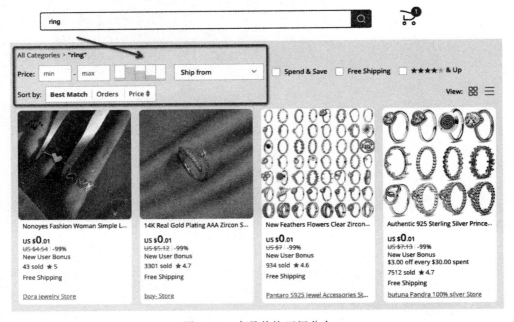

图 3-12　商品价格区间分布

【案例分析】

西班牙是速卖通第二大销售市场，其东北部的加泰罗尼亚大区占西班牙国内生产总值的 20%，人均收入高，购买力强。

小汪是某高校跨境电子商务专业的学生，通过市场调研发现，该地区圣诞节本土文化色彩浓厚，临近节日时，家庭普遍会购买"木头人"Cagatío 作为送孩子礼物的使者，而圣诞老人的元素在当地被淡化。小汪此时想到了课堂上老师讲的利基选品法，准备先和同学们一起制作一批 Cagatío 在速卖通平台销售，根据销售情况决定是否投入工厂生产。"木头人"Cagatío 如图 3-13 所示。

图 3-13 "木头人"Cagatío

问题 1：小汪的选品方式是否科学？他可以通过哪些渠道验证自己的想法？

问题 2：基于此案例，你认为利基选品法的优缺点是什么？

即测即练

第 4 章

产品上传

【学习目标】

- 了解产品上传流程。
- 了解产品管理内容。
- 掌握关键词编写规则及技巧。
- 掌握产品定价方法。

产品上传是店铺运营的核心元素，上传产品的质量将影响跳失率、流量和转化。产品上传主要包括标题编写、产品编辑、产品关联、产品定价、产品管理等环节。及时完善商品信息是提高店铺评分的必要步骤。

4.1 标题编写

关键词是构成产品标题的基础元素，关键词的选取与排序是成功匹配买家需求进而获得转化的重要方式。速卖通搜索引擎是根据关键词来决定相关性和搜索结果的排序，越相关，排名越靠前。因此，关键词的编写是上传产品的必要步骤，也是后期广告营销投放的基础所在。

4.1.1 关键词的类型

关键词即描述某产品内容和属性的词汇，一定数量的关键词经过排序组成一个商品的标题。跨境电商平台要求卖家编辑外文的关键词以匹配目标市场的买家搜索需求，因此，在关键词的编写中，需要商家注意词汇的排列顺序和精准程度。按照功能，关键词可分为核心关键名词、属性词、流量词、长尾词等。

视频 4.1　高精尖关键词助推店铺流量

（1）核心关键名词，也叫核心词，即描述产品最基本、最精确的词汇。一般情况下，电商中的产品类目可分为多个级别。一级类目即为范围最大、覆盖最广的类目。按照产品的风格、颜色、大小等属性划分二级类目或三级类目。核心关键名词也会根据产品类目的级别而划分为多个层次。

如图 4-1 所示，该产品是杯子（cup），cup 范围较大，虽描述了它最基本的属性，但仍不够精确。因此，该产品的核心关键名词是马克杯 (mug)，次核心关键名词是 cup。核心关键名词排位尽量靠前，次核心关键名词与核心关键名词保持若干词位，不要紧邻放置。

图 4-1　产品示意图

（2）属性词，即描述产品属性的词汇，大部分为形容词，包括但不限于颜色、大小、数量、风格、尺寸、场景等。属性词是产品标题中出现频率最多的词汇。以某款渔夫帽为例，其关键词为：

New Kpop Bucket Hat Women Embroidery Letters Double Side Cotton Reversible Sun Protection Cap Men's Panama Hat Fisherman Hats

这里面的属性词有 New(款式)、Kpop(风格)、Women/Men（ 适用人群)、Embroidery（ 工艺)、Cotton（ 材质)、Letters（ 花式)、Double Side（ 样式、特点)、Reversible（ 特点)、Sun Protection（ 功能)。以上属性词基本覆盖了渔夫帽的所有属性，在商家编写关键词时，也应注意属性词的比例和作用，尽量将商品的特点和卖点通过属性词表达完整。

扩展阅读 4.1　如何选词？关键词选取的原则是什么？

（3）流量词，是指在一定时间内，具有流行属性且能给商品带来边际自然搜索流量的词。例如，ins 风，它是指社交平台 Instagram 上的图片风格，其色调饱和度低，整体风格多偏向复古冷调或者清新干净。该风格近年来风靡全球，大量卖家在搜索引擎中会输入产品 +ins 的字眼来寻找目标产品。因此，大量卖家将 ins 作为标题编写中的关键词，类似的流量词还有年份（2021 New）、节日（Christmas）等。

（4）长尾词，是指与目标关键词相关的也可以带来搜索流量的组合型关键词，一般情况下比较长，由 3 ～ 5 个词组成。长尾词的特点是搜索人数较少、可获流量少，但作为目标关键词的延伸与拓展，竞争小、转化率高。因此，长尾词可以放置在标题的中间位置及靠后位置，以捕捉有明确需求和质量更高的订单，从而实现更高的转化。

扩展阅读 4.2　如何筛选长尾词？

按词性，关键词可分为实词和虚词。实词，即有词汇意义和语法意义的词，一般包括名词、动词、形容词、数词、量词、代词。在关键词中，动词和代词比较少见。虚词，指没有完整意义的词汇，但有语法意义或功能的词，一般包括冠词、介词、连词等。在关键词中，冠词较为少见，几乎不使用。

从语言的角度，关键词的编写要注意发布语系和设置多语言。

发布语系，主要是确认卖家当前选择的发布语系，标题与详情描述将会以此语系作为起点，自动翻译成其他的语系。

目前，速卖通支持发布的源语言有 16 种。该方法适合新手卖家、铺货模式卖家及兼职卖家。自动翻译可帮卖家节省时间、广泛推广。但对于目标市场明确且有语言优势的卖家，则推荐使用"设置多语言"，如图 4-2 所示。

基本信息

* 发布语系 ⑦	英文
* 商品标题 ⑦	请输入标题　　　　　　　　　　0/128　　设置多语言
* 类目	可输入商品名称关键词、平台已有商品ID或商品链接搜索类目　🔍　最近使用

图 4-2　多语言设置

"设置多语言"同样支持 16 种语言，速卖通将自动翻译好的标题设置为可编辑模式，卖家可以在机翻的基础上编辑和完善。该方法有利于提高关键词的精准性，更容易匹配潜在买家。同时，多语言编辑过的商品会展示在对应国家的商品推广展示渠道，提高曝光率。

但自动翻译依赖机器及其语料库，在使用时应注意以下几点。

（1）自动翻译精准度有限，可在自动翻译的基础上修改格式和内容。

（2）自动翻译后的内容经人工修改后，后期变动目标语言时，自动翻译内容不会自动修改。

（3）垂直市场卖家尽量使用目标市场语系的语言直接发布。

速卖通不建议多语言编辑同一关键词或者使用在源语言中插入其他小语种词汇的方法引流。混合语言埋词不利于提高产品质量，从而影响曝光与排名。

4.1.2　关键词的挖掘与筛选

产品关键词的挖掘方法也可分为站内和站外。站内即借助平台内"生意参谋"、搜索引擎等工具筛词，站外则是借助谷歌趋势等分析类软件进行判别。一般情况下，新手卖家需通过"站内＋站外"选词的方法不断训练，创造目标类目的词库，从而缩短挖词时间、提高上传产品效率。

1. 站内选词

卖家可以通过生意参谋－市场－选词专家进行关键词搜索。如图 4-3 所示，以箱包为例，搜索过去 30 天该类目的热搜词，可得到搜索指数、点击率、成交转化率及竞争指数等数据。

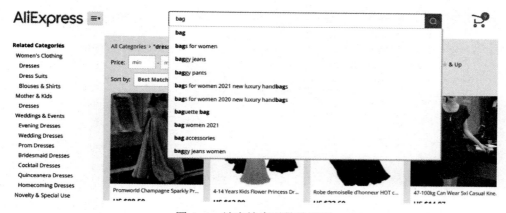

图 4-3 箱包类目热搜词排名

箱包的热搜词显示，该类目在俄语市场和西班牙语市场较为热门，排名靠前的词均为"女包"。这也说明，箱包类目的属性具有性别特点，与女性箱包有关的产品均可以套用上述关键词。

卖家还可通过站内搜索引擎搜索关键词，以箱包为例，在搜索框输入 bag，下拉框自动弹出 bag 及相关，这类词或词组均为买家最近搜索较多的词，可根据目标商品选取下拉框词汇，如图 4-4 所示。

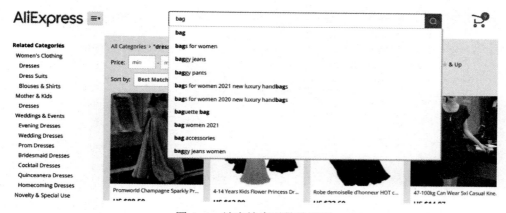

图 4-4 站内搜索引擎关键词

假设卖家发现 baguette bag 与自己的产品匹配度较高，可将该词设为关键词。复制粘贴该词在搜索框，又可以得到该词的周边词汇。同时，下拉框递进式搜索还能逆向帮助卖家选品，使其了解行业趋势，如图 4-5 所示。

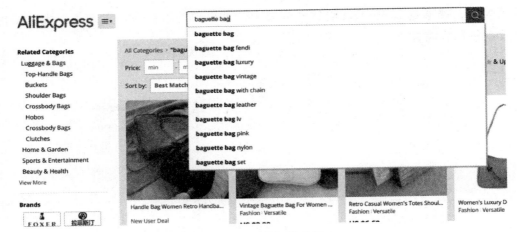

图 4-5　下拉框搜索词

在下拉框提示的词汇中，反映了该类目市场对皮革、尼龙、拉链等款式搜索量较大。因此，在卖家布局同类产品时可重点考虑该部分类目。

除了上述两种方法外，卖家还可以借助直通车选词。直通车是速卖通按照点击向卖家收费的营销工具，其后台提供的关键词工具展示了关键词的热度、竞争度及市场均价，卖家可以通过匹配关键词对产品进行多维度的曝光，如图 4-6 所示。

	关键词	30天搜索热度 ⑦Ⅳ	行业竞争度 ⑦Ⅳ	APP市场均价 ⑦Ⅳ	非APP市场均价 ⑦Ⅳ	点击率 ⑦Ⅳ	转化率 ⑦Ⅳ
☐	WOMAN BAG			0.48	0.37	2%	0.27%
☐	BAG BAG			0.64	0.54	0.43%	0.35%
☐	SHOULDER BAG BAG			0.6	0.36	0.21%	0.32%
☐	WOMAN SHOULDER BAG			0.46	0.36	1%	1%
☐	WALLET			0.34	0.36	3%	1%
☐	FASHION BAG			0.63	0.43	0.11%	0.15%
☐	Handbag			0.42	0.36	4%	1%
☐	SHOULDER BAG WOMAN			0.77	0.38	1%	1%

图 4-6　直通车热搜词

2. 站外选词

第 3 章的选品工具模块介绍了谷歌趋势的选品方法，其"相关查询"模块反映了目标市场对商品的热度反应，卖家可借助谷歌趋势筛词。另外，卖家可参考其他电商平台的选词工具或软件（如声呐、卖家精灵等），将筛选后的关键词放入速卖通进行反向验证。

4.1.3　关键词排序与编写

根据 4.1.1 节的内容，核心关键名词是用户搜索的关键词汇，必须放在靠前位置。考虑到用户搜索的需求与目的，可将属性词与核心关键名词搭配使用。因此，可按照属性词（1 ～ 2 个）＋核心关键名词＋属性词（1 ～ 3 个）＋次核心关键名词＋属性词＋流量词＋长尾词的方法编辑关键词，最终组成产品标题。

扩展阅读 4.3　速卖通标题怎么写能更有吸引力，提高曝光量？

关键词的编写需注意以下几点。

（1）标题上限是 128 个字符，应尽力写满，以求最大获取流量。

（2）符合语法规则，不可随意拆分语义结构较为密切的词组，不可使用标点符号。

（3）不可重复使用同一单词，关键词堆砌会降低搜索权重。

（4）实词开头字母均大写，虚词均小写。

（5）每个单词之间用空格间隔。

（6）避免虚假描述，关键词与产品需保持高相关性。

（7）注意知识产权保护，禁止使用未经授权的品牌词或文化产业周边词汇。

（8）如果店铺发展方向为精细化运作的品牌店，将品牌名放在标题首位。

综上所述，关键词的编写需严格遵守速卖通的规则，否则可能导致产品被降权或涉嫌虚假销售。

除了要注意关键词的排序外（词序），还应注意由词频、词距构成的关键词域。关键词域是指由独立的小标题构成的 4 ～ 5 个关键词组合。每个域保持自己独立的节奏和权重，经排列组合后构成大标题，如图 4-7 所示。

图 4-7　卡通招财猫零钱袋

该产品为卡通招财猫零钱袋，按照以上写词规则，可将标题编写为：

Maneki Neko Coin Purse Lucky Cat Key Case Ins Popular Lovely Cute Multi-color Pocket Cloth Handbag Cartoon Mini Hasp Key Holder

每个阴影部分代表一个独立的域，其节奏和规律分别如下。

域一：核心关键名词 Coin Purse，产品名称为日语招财猫的拉丁字母化 Maneki Neko，域一权重最大。

域二：次核心关键名词 Key Case，产品名称为日语的意译名 Lucky Cat，根据该产品的属性，判断原名 Maneki Neko 更能捕获精准流量（元素爱好者一般搜索原名），故该两个词的顺序为原名在前，意译名在后。

域三：边际核心关键名词 Handbag，在整域权重偏低的基础上，叠加属性词拉动整体节奏，增加搜索性。

域四：边际核心关键名词 Key Holder，此域关键词权重达到自然状态下最低。为充分利用 128 个字符，应将与之相关的属性词＋核心关键名词依次排入。

域五：灵活填词区域，可根据实际情况酌情添加关联词汇。

在编写关键词的过程中，词序强调的是核心关键名词与属性词的顺序；词频是指关键词不能堆砌，同一个词尽量不要重复超过两次；词距一般指核心关键名词之前的距离，通过观察案例中每个域的核心关键名词距离，即可发现，核心关键名词之间要保持一定的词距才能发挥拉动搜索的优势。

4.2　产品编辑

产品的编辑与上传是整个速卖通运营的核心环节，需要尽可能用简短的语言、精美的图片将商品展示在卖家眼前，以此来提高购买的可能性。卖家点击商品－发布商品，即可进入上传产品的界面，选择发布语系－填写关键词－选择类目进入商品的细节编辑环节。

扩展阅读 4.4　速卖通商品发布规范

以零钱袋为例，编辑好标题后，商家需要按要求上传图片。速卖通商品的 6 张轮播图与亚马逊差别较大，亚马逊要求白色背景以便让买家客观了解商品，不被其他因素干扰。速卖通允许主图自带背景，以给顾客情境代入感。建议卖家按照正面图、背面图、实拍图、细节图的顺序上传图片，目标商品应占整个图片比例的 85% 左右。同时，为了获得更多曝光和推荐的机会，建议卖家上传 1∶1 的白底图和 3∶4 的场景图，速卖通后台算法会根据产品质量与买家搜索进行匹配，如图 4-8 所示。

就产品视频而言，每个商品信息界面允许上传 2 个视频，第一个为商品的基本信息（30 秒，基本信息界面），第二个则为商品详情（4 分钟，详情描述界面）。两种视频的区别与联系如表 4-1 所示。

基本信息

图 4-8　商品上传界面

表 4-1　视频类型及详情

视频类型	视频时长	视频位置	展示内容
导视视频	≤ 30 秒	主图轮播图区	款式、使用场景
详情视频	≤ 4 分钟	详情描述区	特点、细节展示

　　产品属性的填写对于产品质量评分影响较大，其准确性也会影响商品在搜索中的曝光和推荐。因此，卖家不仅要准确填写各项信息，也可以通过补充自定义属性提高商品描述的质量。需要注意的是，不同的商品对应的产品属性是不同的，带电及液体的产品需要填写较多的规格属性，如图 4-9 所示。

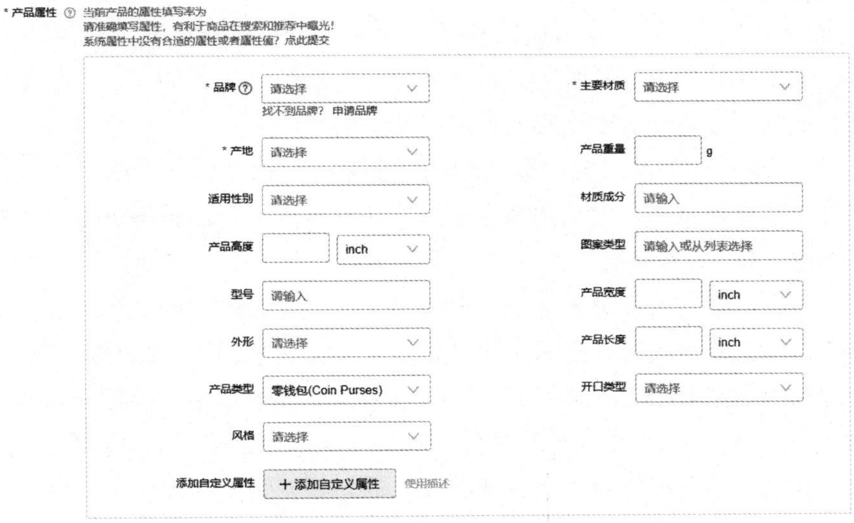

图 4-9　填写产品属性

填写完产品的基本信息后即可进入定价环节，与传统贸易不同，跨境电商 B2C 商品的定价受多种因素的影响，这其中包括汇率、结算货币、物流、平台佣金、联盟佣金、营销费用等。因此，卖家在定价前需要仔细核算产品的利润率，针对不同市场设置不同的溢价区间。如图 4-10 所示，通过单击"区域定价"即可协调不同国家定价差异的问题。

图 4-10　商品的库存与定价

（1）最小计量单元：商品的最小销售单位。以鞋子为例，一般卖家会选择"双"作为计量单元。但对于装饰性和特定款的鞋子，个别卖家会选择"个"为销售单位。

（2）销售方式：商品销售时的包装单位。以袜子为例，其最小计量单元为"双"，但因利润微薄，卖家选择"按组合出售"，再在组合里填写每个组合包含数量即可。

（3）颜色：颜色选项里并不一定完全对应产品颜色，更多是强调 SKU（最小存货单位）属性。例如，一件五颜六色的连衣裙，无法通过颜色来划分选项。这种情况下，卖家选择任意颜色后，在后面的自定义名称中为连衣裙命名，如 A001。上传真实图片后，买家在前台购买时便能"按图索骥"。颜色选项下的图片上传是实现订单转化的重要步骤，尽可能选取实物明显、突出的图片。

（4）发货地：产品发出的国家，此选项更多针对的是海外仓用户。中国内地发货的商家可以不操作该项。发货地将会显示在买家界面的产品价格下方，方便买家预判货物运输的时效。

（5）区域定价：针对物流较贵的国家或地区单独设置价格。例如，一款重约 150 克的帽子，配送到欧洲主流国家的运费为 15 元，配送至美国的价格为 30 元。卖家希望用包邮的优惠政策促进购买，故在保证最低利润的基础上设置欧洲市场的包邮价为 4.99 美元，而对于美国市场则要设置 6.99 美元。如果卖家不愿意区分价格，则可不使用区域定价，在设置物流模板的时候，通过设置物流减免率来减少自身物流成本的损失。与区域定价类似的功能为"分国家设置优惠券"，卖家在营销模块找到国家分组，按照提示设置好优惠券，可以定向投放到目标国家，以此促进销量。

（6）批发价：买家购买多个产品可以享受到的优惠价格，该价格是根据最低起批量，在零售价的基础上实行减免。例如，卖家销售的某品牌童袜重 20 克，物流费用 10 元。卖家发现，每多卖 1 双童袜，物流费用只需增加 5 元。卖家将起批量设置为 2 双，减免率为 5%。故而这种方式可以提高利润、促进购买。

详细描述是商品信息的核心展示部分，也是产品上传中最为耗时的一部分。首先，商品在前台的展示受终端的影响，PC 端与移动端不仅展示的界面不同，甚至享受的折扣也不同。平台为鼓励买家使用移动端购物，一

扩展阅读 4.5　速卖通产品上传流程

般在大促和店铺活动时，要求移动端客户折扣大于 PC 端的客户折扣。尽管 PC 端和移动端的产品信息可以互相导入，但 PC 端的编辑界面为富文本模式，区块间边界不清晰，适合新手操作，如图 4-11 所示。

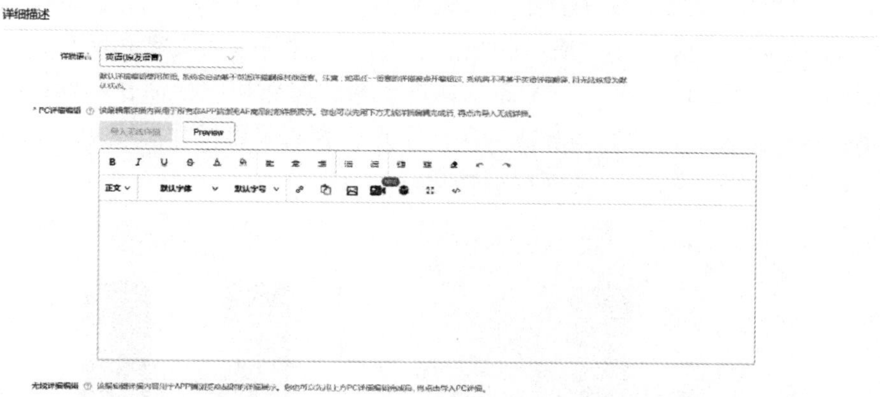

图 4-11　PC 端详细描述界面图

如图 4-12 所示，移动端可通过拖曳区块的方式上传产品，调整内容区块顺序较方便，可选择系统自带的行业模板或自主编辑模板，适合批量操作。

图 4-12　移动端详细描述界面图

在移动端操作中，卖家可以选择文字拖块（30个）、图片拖块（30个）、图文拖块（30个）和视频拖块（1个）进行个性化编辑，各个模块的功能和特点如表4-2所示。

表4-2　移动端拖曳模块的功能及特点

模块名称	模块功能及特点
文字拖块	可编辑模块标题和正文
图片拖块	每个拖块最多上传10张图片
图文拖块	文字和图片合并编辑，中间不可插入其他模块
视频拖块	时长不超过4分钟，展示商品详情及场景

由于商品类别不同，每个商品的详情描述重点也不尽相同。根据国外消费者的属性特点，可按照下列顺序编辑产品详情描述。

（1）视频展示：展示商品功能、细节、场景，就买家关注的质量等问题重点突出。因销售对象多元化，不建议使用背景配音说明等。可以使用音乐、辅助图标进行展示。

（2）基础属性：尺寸、材质、颜色、工艺。通过简短的文字和图片，向消费者传达产品信息。如图4-13所示，A商家销售了两款花色相同但筒长不同的女袜，消费者在浏览该女袜时，尺寸和筒长成为关注重点。商家采用尺寸图图片对比的方式，传递基础信息更加简洁有效，从而促进转化。

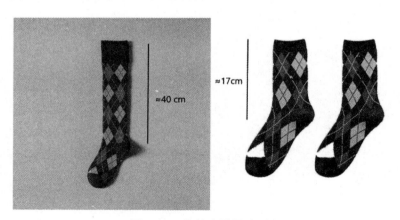

图4-13　长筒女袜尺寸图

（3）产品描述：功能、特点、场景。客观描述商品，不夸大，不建议使用人称和过多的程度形容词，情绪强烈的标点符号（感叹号、问号等）。

（4）细节描述：重点展示产品细节图、制作工艺及质量保证等，可多采用图片展示。

（5）注意事项：产品使用注意事项，如清理、保存方式等。

（6）关联营销：提前制作关联营销模版，将有关联的商品模块嵌入。

（7）其他：固定展示模块，如公司或厂房介绍、售后保证等。

商家编辑结束后，进入包装与物流模块。如图 4-14 所示，该部分的内容与物流成本有直接关系，需要商家根据产品供应链情况谨慎填写。

图 4-14　包装与物流

（1）发货期：从买家下单付款成功且支付信息审核完成（出现发货按钮）后开始计时。

假如发货期为 3 天，如订单在北京时间星期四 17：00 支付审核通过（出现发货按钮），则必须在 3 个工作日内填写发货信息，即北京时间的下个星期二 17：00 前填写发货信息。若未在发货期内填写发货信息，系统将关闭订单，货款全额退还给买家。发货期最多为 7 天。如果商家是自备货模式，建议缩短发货期，以吸引更多的流量转化。

（2）物流重量：根据万国邮联的政策，国际小包一般不超过 2 千克。此处的物流重量以千克计件，但物流收费以克计算，需要商家注意物流单位的变化，以降低通关及物流风险。

（3）物流尺寸：根据速卖通物流线路政策，大部分线路揽收的包裹要求（长 + 宽 + 高）≤ 60 厘米，超过 60 厘米根据实际情况，或退件，或按抛货标准重新计费。

（4）运费模板：商家根据产品属性（普货、带电、纯电、液体）、重量、目的地设置的多条运输线路的组合搭配，以实现卖家成本及时效最优化的物流配置。

（5）服务模板：商家为服务顾客设置的售后保障体系。例如，货不对版、未收到货、质量问题、× 天无理由退货等保障措施。

产品上传的最后一部分为其他设置，主要包括商品归类及库存把控。商品分组可以帮助买家快速查找商品，也方便商家管理商品，可以根据需要设置多个产品组，将同类产品放在一个产品组内。商家单击首页导航栏店铺 – 商品分组即可建立分组。库存扣减方式有两种，分别是下单减库存和付款减库存。对于小规模卖家而言，可以选择付款减库存，以精确把握实际库存容量。大卖家尤其是海外仓卖家可以选择下单减库存，以提前预判供应链周期，安排好生产—入仓—销售的时间周期，如图 4-15 所示。

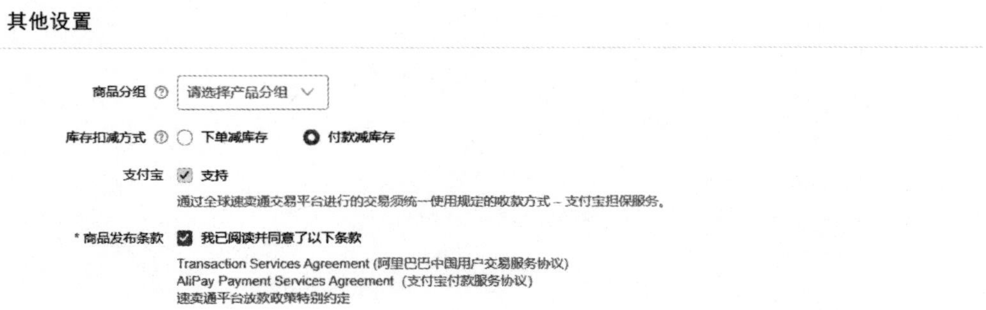

图 4-15 商品分组

如果商家 SKU 数量较多，可以采用批量上传的方式一键上传。如图 4-16 所示，通过下载速卖通平台的 Excel 上传表格，将以上信息填入表内，图片通过 URL（统一资源定位器）链接键入，即可完成一键上传。

图 4-16 URL 批量上传

另外，欧盟《市场监督条例（EU）2019/1020》已于2021年7月16日生效。新法规特别要求在欧盟境内（不包括英国）销售的部分商品（与CE合规商品范围高度重合），要有欧盟责任人负责产品合规。所涉类目基本

扩展阅读 4.6　欧盟市场监督条例（EU 2019/1020）

为家具、家居、手表、玩具、美妆护肤等。卖家需要填写欧盟责任人名称/公司、地址（需位于欧盟境内）、邮编、电子邮件和电话号码。如果所涉类目有多个欧盟责任人，卖家需添加多个并将商品与欧盟责任人绑定。若没有绑定欧盟责任人，卖家商品将很有可能被屏蔽或被下架处理。欧盟责任人需要是以下主体之一。

（1）欧盟境内的制造商。

（2）欧盟境内的进口商（如制造商不在欧盟境内）。

（3）由制造商书面委托的欧盟境内授权代表。

4.3　产品关联

产品关联是指通过设置模板，将类似或互补的商品放在同一个界面，由此扩大客户浏览区域，提高点击率，增加转化率，扩大产品销售量。关联营销目前被运用在各大电商平台，是提高客单价的重要营销方式。

速卖通的产品关联可以分为两个模块，即产品关联模块和自定义模块。产品关联模块最多同时关联8个商品，如图4-17所示。自定义模块是指商家设置的售后服务、店铺公告等。

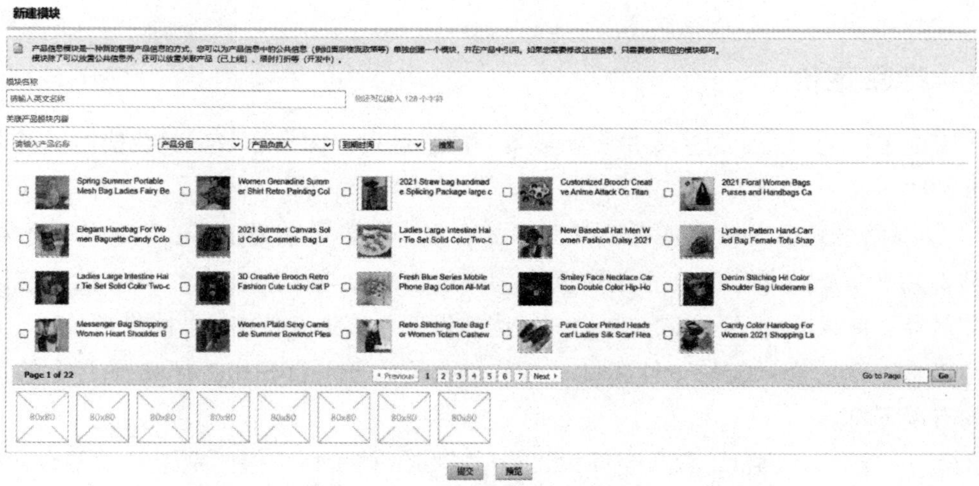

图 4-17　关联营销—新建模块

卖家可根据需求创建不同名称的模板，可命名为类目+数字或字母的形式以方便识别。

常见的产品关联模块有以下几个。

（1）同类产品关联：关联相同类目、风格、色调的产品，提供多种选择。

（2）互补产品关联：关联同系列的互补产品，如时尚穿搭等。

（3）折扣关联：同时买下若干商品，可享受折扣等。

自定义模板可设置店铺公告（放假通知、延迟发货等）、物流服务、售后服务等。如图 4-18 所示，卖家在指定区域编辑文字和图片，即可生成自定义模板。

图 4-18　模块内容编辑界面

4.4　产品定价

跨境电商的产品定价主要由货物成本、国内运费、国外运费、包装费用、退货费用等构成。

（1）货物成本：生产或采购某商品的成本。如果卖家为工厂，则货物成本相比同类卖家有价格优势。若卖家为中间商，一般会通过与工厂合作、1688 批发洽谈、拼多多等渠道采购物品。以 1688 为例，店铺设置 3 档批发价格，1 档价格最高，3 档价格最低，多数商家支持 2 件起批。与其他电子商务平台相比，1688 平台上的货物采购有以下特点。

第一，洽谈式询价，议价空间大：尽管提供 3 档价格，但区别于 C 端平台，3 档价格仅做参考，卖家仍通过后台与商家议价。

第二，运费额外计算：产品为批发性质，一般情况下不包邮，需额外支付运费。

第三，发货期不确定：采购前需咨询卖家库存及发货期，数量多的情况下需提前安排生产。

（2）国内运费：是指从商家货物集散中心邮寄至国内保税仓的运费。除上门揽收外，其他情况均需要将此计入成本。因国内段是小包集成制，故每件包裹的国内运费为 1 ～ 2 元，具体情况仍要根据货物属性确定。

（3）国外运费：根据 5.2.2 节的内容，可以提前预判产品成本。当货物进国内保税仓时，会二次承重并直接扣款。卖家可以通过速卖通后台查询实际扣款情况，也可绑定支付宝，查询代扣情况。

（4）包装费用：人工打包、防雨袋、包装泡沫纸、打印等，可根据实际情况自行折算。

（5）退货费用：当产品在国内入仓失败，货物会原路寄回。以无忧物流为例，退回需要支付 0.88 ～ 1 元的费用，该笔费用需要卖家在发货时支付，即使入仓成功，该笔费用也不予退回。若卖家拒绝支付，则默认为入库失败的商品就地销毁。

（6）佣金：佣金部分主要包括营销费用和速卖通平台佣金。平台佣金划分三档，即 5%、8% 和 10%。电子类产品、运动鞋、家居、工具等基本为 5%，假发类为 10%，其他为 8%。

（7）税费：税费主要涉及的是 DDP（税后交货）税费，该项税费主要涉及欧盟国家。针对跨境电商 150 欧元以上的订单，由买家和卖家协商缴税模式，按照卖家申报货品金额计算税金。如果使用 DDP 模式，商家提前预缴税金给物流服务商，如果使用 DDU（delivered duty unpaid，目的港未完税交货）模式，货物抵达目的国后会通知买家缴纳税金。

基于以上成本，商家的定价公式应为

产品成本 + 国内运费 + 国际运费 + 包装杂费 + 退货费用 + 佣金 + 税费 + 利润

不同的产品利润不同，商家在布局店铺商品时，要将不同利润的商品按比例分配。例如，初创型的店铺可以提高"福利款"的比例，通过限量补贴部分产品，拉动店铺流量。发展期店铺可以扩大基础利率的商品，薄利多销，巩固流量。品牌类店铺需要规范化上新时间，提高单品客单价和品牌溢价，进而获得客户口碑。

另外，产品定价时还要将产品进价与运费相结合，综合定价。假设 X 商品进价 10 元，重量为 120 克，美元汇率为 6.5，主要销售市场为英国。根据定价公式，产品价格应为

产品成本（10 元）+ 国内运费（1 元）+ 国际运费（实时）+ 包装杂费（2 元）+ 退货费用（0 元或 1 元）+ 佣金（8%× 定价）+ 税费（买家承担）+ 利润

基于上述定价公式，发现利润、佣金和国际运费为三项不确定较强的因素。国际运费的多少不仅取决于重量，还取决于路径。

（1）如果商家使用经济类路径，则定价必须 < 5 美元，假设定价为 4.99 美元，则商家可选择菜鸟超级经济 Global 路径，国际运费为 12.31 元，佣金为 2.59 元，产

品利润为 4.5 元。

（2）如果商家定价 ≥ 5 美元，则只能使用简易类路径或标准类路径，假设定价为 5.99 美元，则商家可选择无忧物流 – 简易，国际运费为 17.88 元，佣金为 3.11 元，产品利润为 4.9 元。

（3）如果商家继续将定价增加 1 美元，定价为 6.99 美元，继续选用简易类路径，国际运费为 17.88 元，佣金为 3.63 元，产品利润为 10.93 元。

三种定价模式下，产品利润如表 4-3 所示。

表 4-3　案例定价利润表

定价	利润
4.99 美元	4.5 元
5.99 美元	4.9 元
6.99 美元	10.93 元

因此，不论卖家将商品定位为引流商品还是利润商品，5.99 美元的定价均不合适。相对于 4.99 美元，定价增加了 1 美元但利润只增加了 0.4 元。再增加 1 美元，利润却增加了 6.43 元。经分析，卖家可考虑定价为 4.99 美元，走薄利多销的引流路线，或定价为 6.99 美元，保证产品基础利润。

4.5　产品管理

产品管理是指将产品按照不同属性批量化或个性化操作。速卖通产品管理包括产品再编辑、再分配和橱窗展示等功能。

橱窗展示是速卖通平台推出的推广技术工具，使用橱窗的商品排名较自然展现位置更靠前，从而使买家能够优先搜索到使用橱窗的商品。橱窗的使用期限为 1 个自然月，如果超期，橱窗奖励将自动作废；每次使用橱窗的有效期为 30 天。因此，橱窗可以被理解为一款基于商品表现的免费推广工具。

扩展阅读 4.7　获取橱窗奖励的方法

如图 4-19 所示，当店铺扣分不超过 24 分时，可通过提升运营层级能力、新品奖励、新入驻的银牌商家三种渠道获得橱窗奖励。新卖家店铺数据不足、流量有限，可以通过上传产品获得橱窗机会。

1个月新发10款产品	1款被打NEW标	当月奖励1个橱窗
1个月新发30款产品	5款被打NEW标	当月奖励2个橱窗
1个月新发50款产品	10款被打NEW标	当月奖励3个橱窗

图 4-19　橱窗奖励规则

【案例分析】

图 4-20 所示产品为某卖家在速卖通平台销售的戒指 8 件套，请运用本堂课所学的内容，结合产品销量及评分，分析下列关键词的设置逻辑并提出改进方案。

图 4-20 产品关键词案例

即测即练

第 5 章

物流与通关

【学习目标】
- 了解速卖通平台物流渠道。
- 掌握速卖通平台发货路径。
- 掌握设置物流模板方法。

物流在很大程度上影响了跨境电商 B2C 运营成本。速卖通的物流模式以自发货模式下的国际小包为主，通过设立物流模板平衡各项成本。近年来，随着海外仓的兴起，跨境电商卖家开始寻求更高时效的配货模式。与此同时，海外仓模式下的税收问题也成为监管的难点之一。

5.1 跨境电商 B2C 常见的物流方式

跨境电商 B2C 模式即以国际小包为主，单件商品质量轻（一般不超过 2 千克）、体积小且大部分货品价值较低。跨境电商 B2C 出口物流分为快递物流、专线物流、商业快递和海外仓等。针对 B2C 运营的模式和特点，卖家根据产品特点选择最优的物流解决方案。跨境电商国际小包之所以能在世界范围内顺利完成投递，主要得益于政府间国际组织万国邮联的制度。万国邮联全称为万国邮政联盟（Universal Postal Union，UPU），成立于 1874 年。

（1）快递物流：快递物流分为邮政快递和普通快递两种方式。其中，邮政快递一般是指国家运营或者国家授权指定的运营商来运营。一般情况下，该类邮政运营商同时为万国邮联指定的官方运营商。与此同时，我国跨境电商 B2C 物流百花齐放，菜鸟网络、顺丰、燕文、顺友等也在 B2C 的中程国际运输段发挥了重要作用。

（2）专线物流：跨境电商专线物流是货运公司针对货物目的地具有成本优势和时效优势的特殊线路。在目标专线下，货运公司拥有独立的交通工具、追踪网络和目的地合作网点，线路发展较成熟，丢包率低。但受发货目的地限制，专线物流一般需要在货物达到一定数量的前提下才能操作且时效较慢。使用专线物流的平台多为 Wish、AliExpress、Shopee 等。以 AliExpress 线上物流为例，专线线路集中在中东地区，Aramex 是其唯一一专线运营商。而针对国家开设的专线则称为"集运"，目前 AliExpress 开设了沙特、阿联酋、巴西 3 个国家的专线集运物流线路。

（3）商业快递。国际商业快递一般是指 DHL、TNT、FedEx、UPS、顺丰速运等国际巨头商业快递。该类物流成本高、物流配送时间快、线路稳定且丢包率低。在跨境电商 B2C 背景下，该类物流使用场景有限，一般寄送附加值较高的产品、涉及商业机密的产品零部件，或在 B2B2C（卖方对交易平台对买方）背景下寄送不超过 20 千克的小商品货物等。

（4）海外仓：海外仓是跨境电商卖家在海外设立或租赁仓库，通过提前备货的方式，实现海外配送、退换货，缩短配送时间，提升顾客购买体验的新型物流模式。该类物流模式的典型代表即为亚马逊 FBA（Fulfillment by Amazon），其快速、统一的海外仓管理模式已成为亚马逊平台飞轮效应的关键环节。海外仓成本涉及仓储、发货、退换，对于滞销的货物另收取退还或就地销毁的费用。因此，海外仓模式适合发展相对成熟或具有一定资本的跨境电商卖家。

商品属性在很大程度上影响了物流模式，附加值小、体积小、重量轻的商品适合选择小件包裹邮寄。而附加值大、体积大和重量较重的产品，尤其是带电产品，适合海外仓发货。这也要求销售大件商品的卖家拥有成熟、发达的供应链系统。

5.2　速卖通物流方式

速卖通物流按照发货方式可分为线下发货（自发货）和线上发货（使用平台物流发货）。中小卖家一般选择平台内物流路径发货，速卖通平台内物流可分为经济类（原简易类并入经济类）、标准类、快速类，由经 视频 5.1　速卖通物流介绍

济类到快速类物流价格由低到高，物流配送时间由慢到快。不论何种物流模式，速卖通都会通过物流时效评分对卖家发货时效进行监管。

速卖通海外仓模式是指商家提前备货到海外仓库，用户下单后，商品可直接从海外仓进行发货，从而为买家提供更快且更具保障的物流服务，提升交易满意度。此模式具体可分为两类：菜鸟仓和商家仓。菜鸟仓是全球速卖通及菜鸟网络联合海外仓储资源及本地配送资源推出的物流服务，为商家提供海外仓储管理、仓发、本地配送、售后赔付的物流解决方案。商家仓是指商家线下与第三方仓库（非菜鸟仓）签订协议的海外仓服务，包含商家自建的海外仓库。

5.2.1　速卖通物流路径及特点

（1）经济类物流：配送时间范围为 21 ～ 80 天，不支持带电、纯电、液体包裹，费用较低但丢包率较高。常见的路径有菜鸟超级经济、菜鸟超级经济 Global、菜鸟专线经济、中邮平常小包 + 燕文物流等。经济类物流路径的使用有一定的条件。例如，发往俄罗斯的产品的货值需要小于 2 美元，其他方向小于 5 美元方可使用经济类物流。尽管经济类物流价格有优势，但包裹国外段不

视频 5.2　菜鸟物流方式介绍

可跟踪，丢包也没有赔付。

（2）简易类物流：主要是指菜鸟无忧物流–简易。该类物流运输成本介于经济类与标准类之间，路径与配送目的国变动较大。卖家在使用时需注意其配送范围及路径变化。

（3）标准类物流：配送时间范围为14～40天，支持带电、纯电、液体包裹，费用为经济类物流的1.5～2.5倍，丢包率较低且赔付及时，支持自提柜发货。常见的路径有无忧物流–标准、中邮挂号小包等。

（4）快速类物流：一般商业快递均为快速类物流，5～14天可触及速卖通主要市场。AliExpress无忧物流–优先是速卖通近年来主推的快速类路径，价格比商业快递低，配送时间范围为14～20天。快速类物流主要针对大货或者客户愿主动承担运费的急货。

上述物流方式均为原产国自发货模式，如图5-1所示，从发货到包裹妥投需经过如下流程。速卖通针对所有的包裹进行物流时效考核，是DSR（Detail Seller Rating）的重要组成部分，DSR物流表现又反作用于产品的曝光与转化，为了提高该部分的评分表现，卖家需要完善物流政策和细则，如发货、运输说明、退货说明等；选择优质的物流供应商。

图 5-1　速卖通自发货物流流程

速卖通除了规定卖家发货期不得超过7个工作日外，对商家的物流上网率也有要求。上网率就是过去30天全部发货且［物流上网时间–支付成功（风控审核成功）时间小于等于5天的订单数/过去30天支付成功（风控审核成功）的订单数–成功取消/超期取消订单数］。速卖通考核卖家的5天上网率，即从买家支付成功到第一条物流信息上网时间不要超过5天，否则物流订单会被关闭。

如果卖家的订单没有被取消（尚在7天发货期内），但物流订单被取消，卖家可重新发货，修改线上的物流单号。若货物在发往国内仓的途中，卖家仍可重新发货，联系国内仓换单即可。若卖家订单发货期超时，则无法进行任何操作，该单有被鉴定为成交不卖的风险。

5.2.2　物流模板设置

速卖通物流模板是速卖通卖家结合平台提供的路径、线路与自身产品特点排列组合出的线路模式，其目的是实现成本范围内的效益最优、送达范围最广、时效最高。物流的设置是整个运营工作中的重点及难点，由于其物流基本都以克为单位计费且物流路径和费用变更频次较多，因此需要卖家定时更新物流模板。另外，物流模板与物流成本、产品的最终利润息息相关。因所售产品不同、目标市场和利润空间不同，物流模板不具备可复制性。卖家须根据产品属性设置多样化物流模板。

1. 物流模板分类

宏观上，物流模板可以分为三种：初始类模板、通用类模板和精细化模板，三种模板特点及适用范围如下。

（1）初始类模板：以销售金额为标准，将俄向和其他方向分别以 2 美元和 5 美元为标准设置，以提高产品的价格竞争力。按照物流路径等级，物流模板大致可分为俄向 2 美元以上、俄向 2 美元以下、其他方向 5 美元以上、其他方向 5 美元以下。这类物流模板不以重量为标准，而以买家最终交易的金额为标准，适用于附加值较低的商品或速卖通初学者。

（2）通用类模板：以重量区间为标准，设置可覆盖全店铺商品的物流路径组合模板，适用于商品种类、重量和价值变化不大的店铺，尤其是垂直类产品店铺。

（3）精细化模板：以精准量化每个产品利润为目的而设置的物流路径组合模板，适用于商品种类、重量和价值变化大，产品种类、数量多的店铺。

2. 物流模板的设置方法

物流模板的设置方法并无标准模式，卖家根据自己的需求自定义物流模板。一般而言，通用类模板使用范围较广，尽管设置过程较烦琐且需要持续更新，但其可满足各类卖家对物流的基本需求。精细化模板的计算方法也是基于通用类模板而细化的。

（1）精细化模板：是指卖家对自身商品有较强的控本能力，一般为薄利多销型商家或铺货商家，其最终目的是以单品利润最小化获得流量数据最优化、累计利润最大化。其对销售商品的重量、包装后重量有精确要求，故设置重量区间较小（一般为每 5 克）的精细化模板。

（2）通用类模板：是指商家产品规则多，重量变化大，其追求单品利润与整体店铺利润，故设置重量区间较小（每 30 ~ 50 克）的通用类模板。

开始设置前，卖家需明确自己的目标市场，本着重点市场全部包邮的原则，将必须包邮的国家单独列出，根据不同路径建包邮表。例如，A 厂家的重点市场与速卖通重点市场高度吻合，其决定将俄罗斯、美国、西班牙、法国、德国、波兰等设为包邮区，分别计算给定重量情况下，不同路径各个国家的

视频 5.3　标准类包邮模板设置 - 上

运费成本，最终使用通用类模板。通过速卖通卖家主页—商品—物流模板—速卖通物流报价—无忧物流和线上发货运费报价可以查询到当下运行的物流路径。需要注意的是，物流是一个持续变量，每次下载时，获得的路径也是不同的。

以 50 克产品经济类路径为例，将路径名称写入列、包邮国家写入行，如图 5-2 所示。

经济类物流运费表格						
重量：1~50g	俄罗斯	西班牙	美国	法国	波兰	英国
菜鸟超级经济						
菜鸟超级经济Global						
菜鸟专线经济						
菜鸟特货专线-超级经济						
菜鸟超级经济-燕文						
菜鸟超级经济-顺友						
4PX新邮经济小包						

图 5-2 经济类物流路径价格对照表

此时，物流模板主要有三个变量：重量、路径类型和路径名称。在不考虑路径名称的前提下，卖家需要设置经济类、简易类、标准类的模板，并且每个类型模板关联的产品重量不一样。

之后，卖家可通过 Excel 插入公式计算，将 50 克商品不同路径的包邮国家的价格填入图 5-2。

假设 A 厂家销售的大部分商品为重 50 克的秋冬女袜，则袜子的最终运费为

$$50 克 × 每克运费单价 + 服务费$$

如图 5-3 所示，在下载好的表格中选中菜鸟超级经济 Global 路径（其他路径可重复此操作），右侧空白列插入重量，设 50 克。在第一个国家阿富汗对应的行中，

视频 5.4 标准类包邮模板设置 - 中

插入上述运费公式，$=E10 × 0.001 × \$J\$9+F10$。其中，J9 是固定不变的重量值，为保证公式的可复制性，需要用锁定符 $\$$ 将其锁住。最终，50 克产品发往阿富汗的运费为 10.067 元。

计算出一个国家的运费后，鼠标移至计算值所在方框的右下角，待光标变为 + 时，长按鼠标左键往下拉，直至最后一个国家所在行，即可得出所有国家的报价，无服务表示该国家路径暂停。

当卖家将表格中所有国家报价填写完毕时，可综合分析模板策略，如图 5-4 所示。

视频 5.5 标准类包邮模板设置 - 下

假设商品进价为 10 元，卖家希望使用经济类模板，即售价不能超过 4.99 美元。考虑到汇率浮动及 0 ~ 10% 的利润，国际段邮费的最大值不能超过 12 元人民币。通过分析图 5-4 中的邮费数据，商家认为 10.25 元的运费

价格可以将除了俄罗斯与美国之外的所有国家包邮进去，即运费 10.25 元是包邮的临界值，数字越小，利润越大。而俄罗斯与美国不符合包邮条件且与包邮价格差距较大，故可在编辑产品时，将两个国家区域定价，拉高售价并包邮。

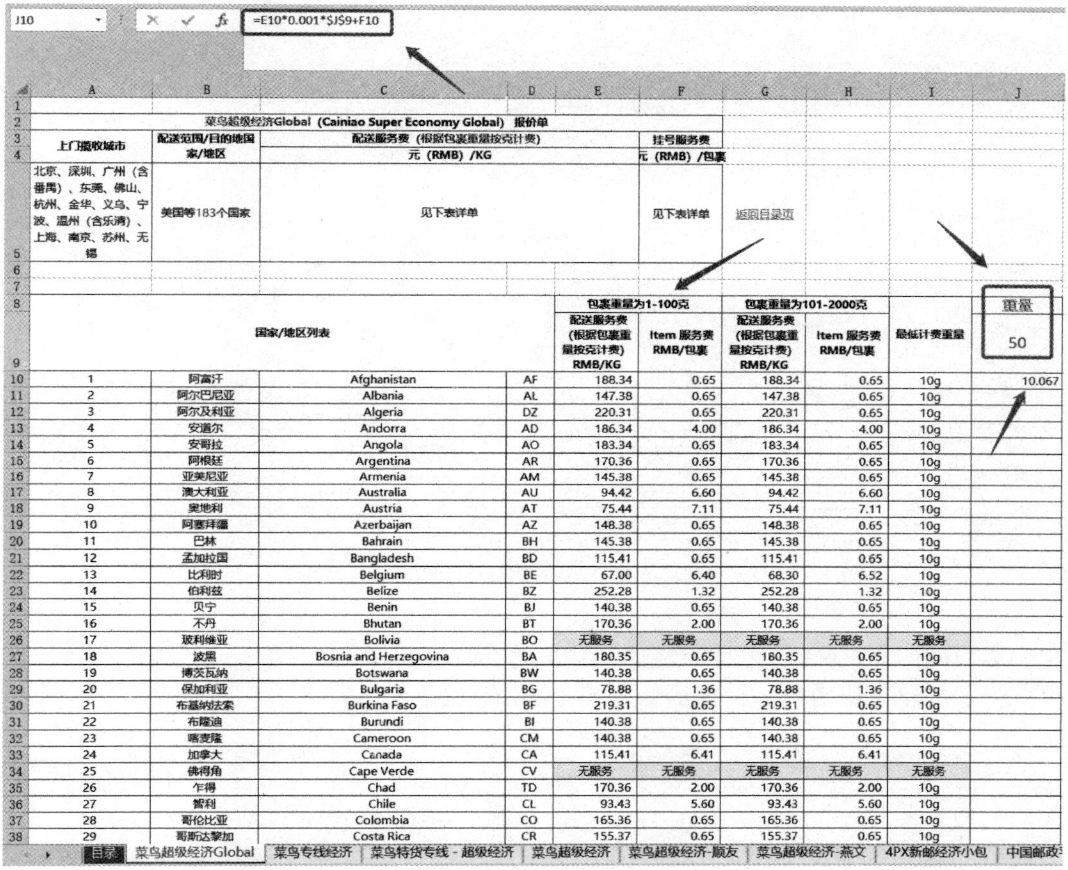
J10　=E10*0.001*J9+F10

菜鸟超级经济Global（Cainiao Super Economy Global）报价单

上门揽收城市	配送范围/目的地国家/地区	配送服务费（根据包裹重量按克计费）元（RMB）/KG	挂号服务费 元（RMB）/包裹	
北京、深圳、广州（含番禺）、东莞、佛山、杭州、金华、义乌、宁波、温州（含乐清）、上海、南京、苏州、无锡	美国等183个国家	见下表详单	见下表详单	返回目录页

国家/地区列表				包裹重量为1-100克 配送服务费（根据包裹重量按克计费）RMB/KG	包裹重量为1-100克 Item 服务费 RMB/包裹	包裹重量为101-2000克 配送服务费（根据包裹重量按克计费）RMB/KG	包裹重量为101-2000克 Item 服务费 RMB/包裹	最低计费重量	重量 50
1	阿富汗	Afghanistan	AF	188.34	0.65	188.34	0.65	10g	10.067
2	阿尔巴尼亚	Albania	AL	147.38	0.65	147.38	0.65	10g	
3	阿尔及利亚	Algeria	DZ	220.31	0.65	220.31	0.65	10g	
4	安道尔	Andorra	AD	186.34	4.00	186.34	4.00	10g	
5	安哥拉	Angola	AO	183.34	0.65	183.34	0.65	10g	
6	阿根廷	Argentina	AR	170.36	0.65	170.36	0.65	10g	
7	亚美尼亚	Armenia	AM	145.38	0.65	145.38	0.65	10g	
8	澳大利亚	Australia	AU	94.42	6.60	94.42	6.60	10g	
9	奥地利	Austria	AT	75.44	7.11	75.44	7.11	10g	
10	阿塞拜疆	Azerbaijan	AZ	148.38	0.65	148.38	0.65	10g	
11	巴林	Bahrain	BH	145.38	0.65	145.38	0.65	10g	
12	孟加拉国	Bangladesh	BD	115.41	0.65	115.41	0.65	10g	
13	比利时	Belgium	BE	67.00	6.40	68.30	6.52	10g	
14	伯利兹	Belize	BZ	252.28	1.32	252.28	1.32	10g	
15	贝宁	Benin	BJ	140.38	0.65	140.38	0.65	10g	
16	不丹	Bhutan	BT	170.36	2.00	170.36	2.00	10g	
17	玻利维亚	Bolivia	BO	无服务	无服务	无服务	无服务	无服务	
18	波黑	Bosnia and Herzegovina	BA	180.35	0.65	180.35	0.65	10g	
19	博茨瓦纳	Botswana	BW	140.38	0.65	140.38	0.65	10g	
20	保加利亚	Bulgaria	BG	78.88	1.36	78.88	1.36	10g	
21	布基纳法索	Burkina Faso	BF	219.31	0.65	219.31	0.65	10g	
22	布隆迪	Burundi	BI	140.38	0.65	140.38	0.65	10g	
23	喀麦隆	Cameroon	CM	140.38	0.65	140.38	0.65	10g	
24	加拿大	Canada	CA	115.41	6.41	115.41	6.41	10g	
25	佛得角	Cape Verde	CV	无服务	无服务	无服务	无服务	无服务	
26	乍得	Chad	TD	170.36	2.00	170.36	2.00	10g	
27	智利	Chile	CL	93.43	5.60	93.43	5.60	10g	
28	哥伦比亚	Colombia	CO	165.36	0.65	165.36	0.65	10g	
29	哥斯达黎加	Costa Rica	CR	155.37	0.65	155.37	0.65	10g	

目录　菜鸟超级经济Global　菜鸟专线经济　菜鸟特货专线 - 超级经济　菜鸟超级经济　菜鸟超级经济-顺友　菜鸟超级经济-燕文　4PX新邮经济小包　中国邮政

图 5-3　运费计算

经济类物流运费表格

重量：1-50g	俄罗斯	西班牙	美国	法国	波兰	英国
菜鸟超级经济	12.013	9.432	13.865	10.75	7.95	8.98
菜鸟超级经济Global	14.395	10.265	13.225	11.25	9.578	9.565
菜鸟专线经济				10.25	8.965	9.457
菜鸟特货专线-超级经济	13.295	8.475	14.625	9.854	8.652	8.735
菜鸟超级经济-燕文	12.695	9.546	12.965	9.878	7.895	9.421
菜鸟超级经济-顺友	13.455	8.965	12.795	10525	9.435	12.125
4PX新邮经济小包	12.454	9.565	13.586	11.567	9.375	10.245

图 5-4　经济类物流表格计算结果

除包邮国家外，以 10.25 元为标准，通过 Excel 筛选出运费低于 10 元的国家进行包邮，超过 10 元的国家可通过 Excel 设置减免率完成。

例如，该 50 克的产品运往美国的运费为 12.965 元，超过 10.25 元的部分需要买家承担，故设置减免率为 10.25/12.965，即减免 79%。如果算出的数值大于 100%，说明这些国家也在包邮区。如图 5–5 所示，用同样的方法算出所有国家减免率。

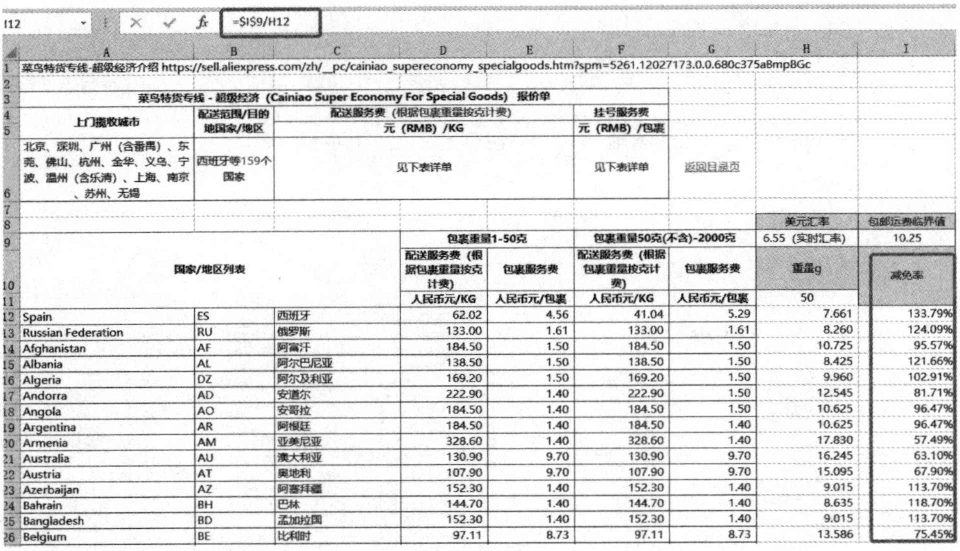

I12 =I9/H12

菜鸟特货专线-超级经济介绍 https://sell.aliexpress.com/zh/__pc/cainiao_supereconomy_specialgoods.htm?spm=5261.12027173.0.0.680c375aBmpBGc

菜鸟特货专线 - 超级经济 (Cainiao Super Economy For Special Goods) 报价单

上门揽收城市	配送范围/目的地国家/地区	配送服务费（根据包裹重量按克计费）元（RMB）/KG	挂号服务费 元（RMB）/包裹	
北京、深圳、广州（含番禺）、东莞、佛山、杭州、金华、义乌、宁波、温州（含乐清）、上海、南京、苏州、无锡	西班牙等159个国家	见下表详单	见下表详单	返回目录页

国家/地区列表			包裹重量1-50克		包裹重量50克(不含)-2000克		美元汇率 6.55（实时汇率）	包邮运费临界值 10.25
			配送服务费（根据包裹重量按克计费）	包裹服务费	配送服务费（根据包裹重量按克计费）	包裹服务费	重量g	减免率
			人民币元/KG	人民币元/包裹	人民币元/KG	人民币元/包裹	50	
Spain	ES	西班牙	62.02	4.56	41.04	5.29	7.661	133.79%
Russian Federation	RU	俄罗斯	133.00	1.61	133.00	1.61	8.260	124.09%
Afghanistan	AF	阿富汗	184.50	1.50	184.50	1.50	10.725	95.57%
Albania	AL	阿尔巴尼亚	138.50	1.50	138.50	1.50	8.425	121.66%
Algeria	DZ	阿尔及利亚	169.20	1.50	169.20	1.50	9.960	102.91%
Andorra	AD	安道尔	222.90	1.40	222.90	1.50	12.545	81.71%
Angola	AO	安哥拉	184.50	1.40	184.50	1.50	10.625	96.47%
Argentina	AR	阿根廷	184.50	1.40	184.50	1.40	10.625	96.47%
Armenia	AM	亚美尼亚	328.60	1.40	328.60	1.40	17.830	57.49%
Australia	AU	澳大利亚	130.90	9.70	130.90	9.70	16.245	63.10%
Austria	AT	奥地利	107.90	9.70	107.90	9.70	15.095	67.90%
Azerbaijan	AZ	阿塞拜疆	152.30	1.40	152.30	1.40	9.015	113.70%
Bahrain	BH	巴林	144.70	1.40	144.70	1.40	8.635	118.70%
Bangladesh	BD	孟加拉国	152.30	1.40	152.30	1.40	9.015	113.70%
Belgium	BE	比利时	97.11	8.73	97.11	8.73	13.586	75.45%

图 5–5 运费减免率计算表

在物流模板设置中，将推导出的结果一一纳入。如图 5–6 所示，首先在区域 1 为模板命名，建议使用名称 + 重量的方式。例如，经济类 50 克。

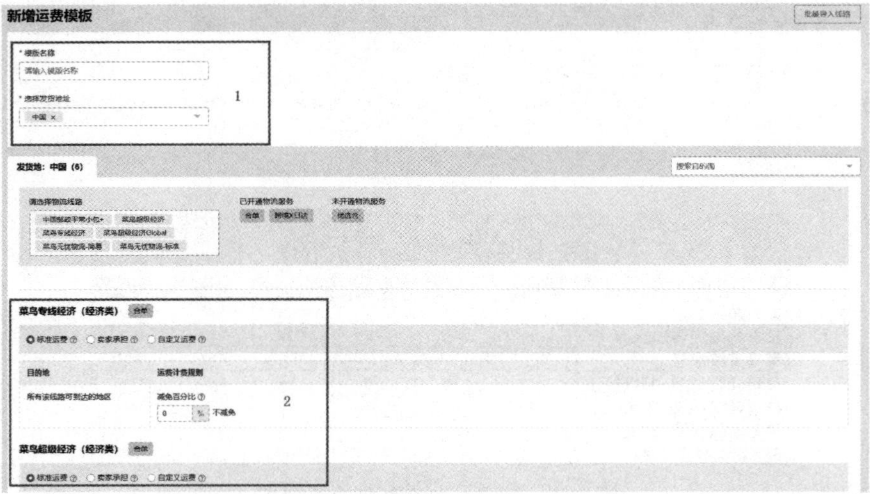

图 5–6 物流模板设置

在区域 2 选择要设置的物流路径，并将包邮国家填入。针对减免率，需要选择自定义运费，再填入减免的百分比，即可设置完毕。在物流模板设置中，商家尤其注意设置的路径、类型、费用标准等。总而言之，物流模板的计算工程量较大，且物流费用经常发生变化，如果卖家不考虑采购物流模板软件，则可使用该方法进行计算。需要注意的是，商家不可将商品和邮费倒挂，该行为被速卖通认定为作弊，将面临产品下架等风险。

扩展阅读 5.1　什么是商品和运费倒挂？

3. 物流成本

自发货模式下，物流成本主要包括国内段和国外段。其中，国内段是指卖家集成后，再次配送到保税仓的物流成本。国外段即是保税仓换单称重后包裹需要支付的费用。

一般情况下，国内段运费可按每个包裹 1 ~ 3 元计算，国外段则是根据包裹克数计算。卖家在交易前可对包裹运费做价格估算。单击商品—物流模板—物流价格测算，将相关数值输入即可估算物流成本。包裹实际发出后，卖家单击交易—物流中心—运费统计，可以查询指定时间区间的所有包裹运费，如图 5-7 所示。

图 5-7　运费统计

速卖通国际段的物流费用执行代扣制，卖家绑定支付宝至速卖通后，即可实现代扣。

5.3　速卖通线上发货

速卖通线上发货是指使用平台系统内的发货渠道发货并将物流信息同步至平台和买家的过程。线上发货仅指供物流以信息流的形式呈现，代表卖方对货物发出后的信息交割。

5.3.1　发货流程

如图 5-8 所示，卖家单击线上发货，随即进入创建物流订单界面。如果卖家使用平台外的物流发货，可直接单击填写发货通知。

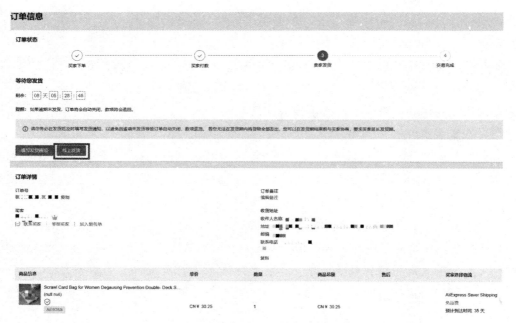

图 5-8　线上发货流程

界面会显示买家选择的物流模式，一般买家会选择免费的运输方案，但当买家有特殊需求时，会额外支付运费以选择买家需要的路径。如果卖家没有按其路径发货，则有纠纷的风险。如图 5-9 所示，卖家发货前要核实包裹重量，路径提供的参考运费是基于卖家填写的产品重量所做的预估。

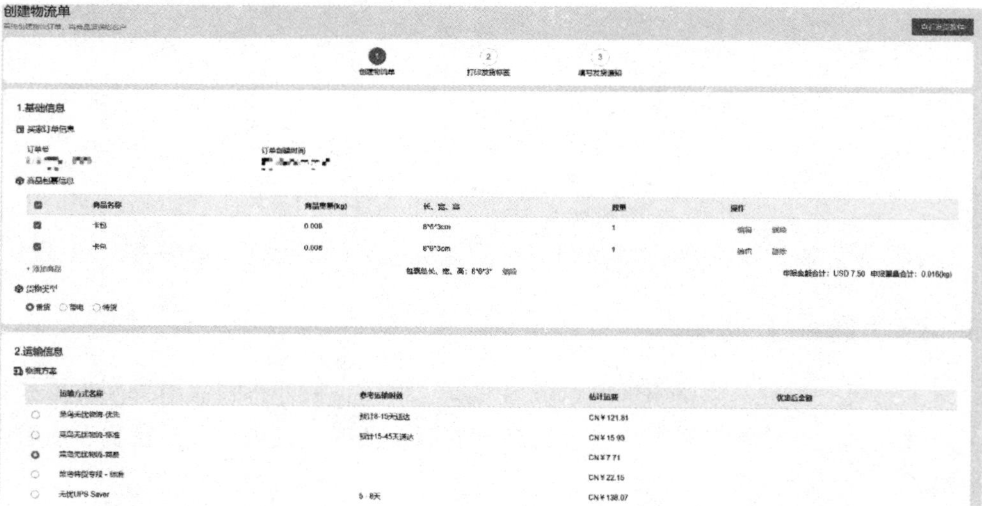

图 5-9　预估包裹运费

卖家根据商品性质填写报关属性，液体、带电物品要勾选对应选项做特殊声明，之后进入国内段保税仓选择界面。线下货物送至保税仓的方法有两种。

（1）自送至中转仓库：如图 5-10 所示，自送至中转仓库即通过线下常规物流，如"四通一达"等，将若干国际小包自行组包至大包，发至中转仓库。此种发货方式基本不受时间限制，每日在国内物流结单前完成即可。该步骤需卖家线下与物流商洽谈合作，提前分配好单号。如果卖家填写虚假国内单号，入仓前发生丢包等纠纷将面临无法赔付的风险。

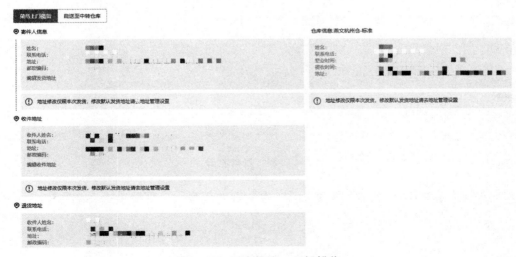

图 5-10　国内物流 – 自寄中转仓

（2）菜鸟上门揽收：如图 5-11 所示，菜鸟上门揽收是指物流司机到达指定地点收货，卖家需在组包后打印大包组包面单，按照每日指定时间交至承运人（一般为司机）。此种发货方式虽然受时间限制，但国内段物流免费，可节省成本。并不是所有路径都支持上门揽收，卖家发货时需注意组包路径和下单仓库。

图 5-11　国内物流 – 上门揽收

提交信息后，商品发货并未完成。需要在交易－国际小包订单中，筛选出"等待卖家发货"的订单，单击"填写发货通知"，将单号和路径填写好后，线上发货的流程才算结束，如图 5-12 所示。

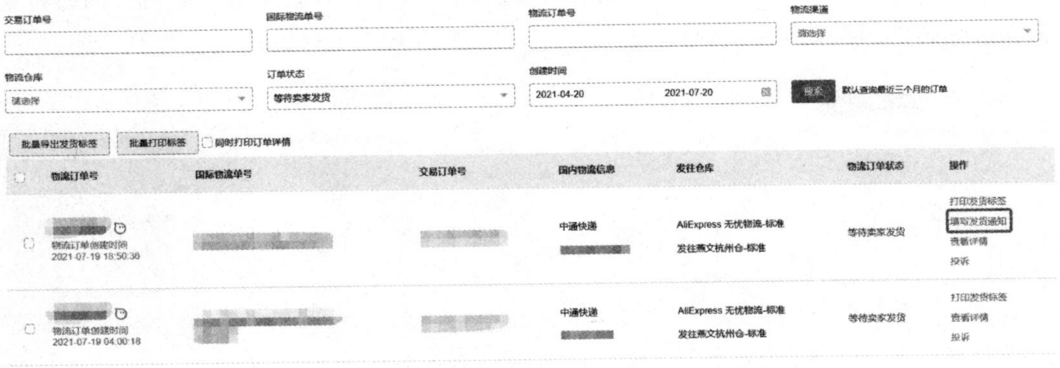

图 5-12　填写发货通知

此时，平台、买家均能同步到卖家已发货的信息。需要注意的是，如果卖家没有填写发货通知，但货物已经发出，买家仍可取消订单。因此，发货通知的填写，实际上是买方和卖方形式责任在某种程度上的转移，及时填写发货通知，快速发货，可以提高商家上网率，进而获得更加优质的流量。如图 5-13 所示，发货通知填写好后，卖家进入订单状态界面。如果订单物流在线上发货后发生路径或单号改变，卖家可单击修改订正物流单号。

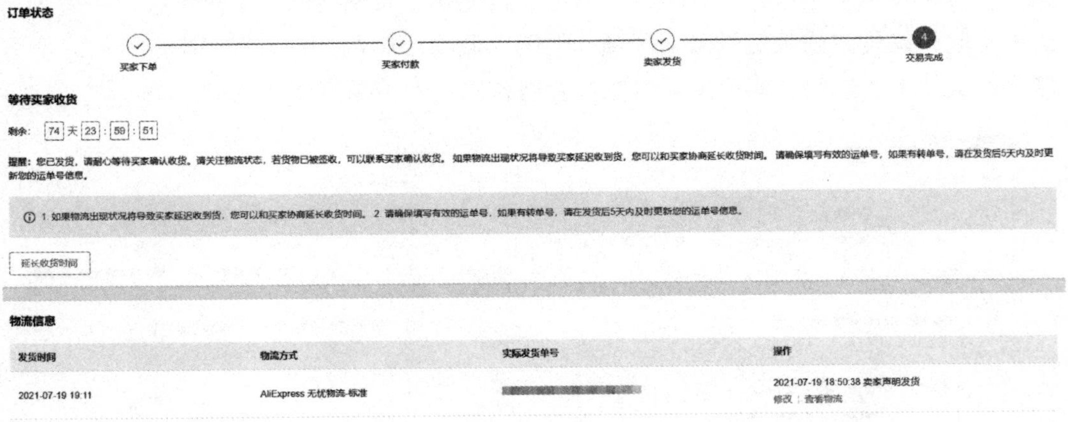

图 5-13　订单状态

选中目标单号后，可导出发货面单，发货面单信息由三部分组成，如图 5-14 所示。

图 5-14　发货面单信息页

（1）条形码和国际追踪单号，国内保税仓需扫描条
形码生成国际段面单。因此，仅有包裹面单号无法成功
出仓，卖家需保证最终生成的发货标签包含条形码。

（2）买家信息和卖家信息。买家信息仅显示姓名，
方便卖家贴标时做识别使用。卖家信息包括卖家姓名、电话及国内段物流单号。

扩展阅读 5.2　速卖通
面单规范

（3）包裹属性信息，主要识别商品是否为液体、是否带电以及投放仓库等。

最后，卖家可开始贴单工作，待所有包裹贴好后，装袋集成，再贴国内段包裹面
单，即可完成所有的发货工作。

当卖家遇到顾客批量购买商品时，受体积、重量的限制，无法将所有产品打包至
同一包裹，可选择分批发货。只需在上述流程操作结束时，单击部分发出货物即可。
此时，后台待发货中仍会出现此笔订单，卖家重复操作该流程直至发出最后一个包裹，
单击全部发货即可。

5.3.2　货物包装

跨境电商 B2C 小包以克为单位计费，商品包装既要轻薄，又要保证货物在长途
运输中免受外界暴力的破坏。常见的包装材料有珠光膜、气泡膜、气柱（一般用来包
装易碎物品，因气柱是圆柱形，在物流收费时按照单独标准计费，故需要额外核定成
本）和防雨膜。

卖家在贴面单时，应将面单封住防雨膜粘贴口。如有赠品放入包裹，应仔细阅读
速卖通发货规则，部分国家海关要求严格，赠品易被当作未申报商品导致扣关。

5.4 速卖通税收与通关

速卖通面向全球国家销售商品，每个国家针对电子商务纳税途径和方法各不相同且政策变化较快。每一次政策的调整都会引起电商平台业务上的震动，这也要求跨境电商卖家有足够的风险意识和应变能力，积极学习税务知识，了解目标市场动态。

5.4.1 速卖通税收代缴

通过速卖通平台销往世界各国的包裹需要依据当地法律纳税，所涉税种较多，缴纳方式也不尽相同。一般情况下，速卖通平台或其合作物流路线对税收实行代收代缴制度。个别情况下，需要卖家联系买家配合当地海关清关纳税，方可实现货物放行。

速卖通主流市场常见的税种有增值税、销售税、货劳税等。以欧盟为例，自2021年7月1日起，其要求所有大于0.01欧元的通过跨境电商零售渠道进境的商品均要缴纳增值税。一方面，欧盟取消了22欧元以下商品免征增值税的门槛，降低了速卖通平台商品价格的竞争力。另一方面，该政策也使其电商市场管理逐步规范，卖家在申报做账时数据更加透明，如表5-1所示。

表 5-1　欧盟 VAT 税务规则

商家注册国家或地区	库存所在国家或地区	货　值	缴纳 VAT 责任
欧盟境外（例：中国主体）	欧盟境外（跨境）	≤ 150 欧元	平台代收代缴
		> 150 欧元	商家或买家自行缴纳
	欧盟境内（海外仓）	全部金额	平台代收代缴
欧盟境内（例：西班牙主体）	欧盟境外（海外仓）	全部金额	商家自行缴纳

扩展阅读 5.3　欧盟增值税的内容与规定

150 欧元的纳税门槛为优惠后的商品价格，不含运费。当货值小于等于 150 欧元时，增值税为（优惠后商品价格 + 运费）× 收货所在国 VAT（value added tax，增值税）税率；当货值大于 150 欧元时，增值税为（优惠后商品价格 + 运费 + 关税）× 收货所在国 VAT 税率。

对于国内发货的卖家而言，如果采用速卖通平台发货且使用菜鸟路径，那么无须做其他操作，平台会自动代缴。如果采用其他途径发货，需要将 IOSS 号码（import one-stop shop，一站式进口）、商品正确货值（折扣后）以及订单编号提供给物流商，否则将有二次征税的风险。IOSS 号码可在"交易 – 订单 – 导出订单"中查看。需要注意的是，正常交易模式下，买方为增值税的缴税方。若商家未提供平台已税商品的 IOSS 号码给物流商，则二次征税的费用需要商家承担。

海外仓卖家因其仓库和下游操作在目标国家进行，故需要商家注册并提供增值税信息，即 VAT 税号，及时联系税务代理完成税务申报。

俄罗斯针对跨境电商进口小包税收政策相对宽松，自 2020 年 1 月 1 日起，将所有进口到俄罗斯的国际包裹免税金额调整为 200 欧元，针对金额超过 200 欧元或重量超过 31 千克的单个包裹，将征收 15%（超额部分）或 2 欧元 / 千克（超重部分）税费。

美国情况较为特殊，其纳税制度依据州法律实施。美国多州政府自 2018 年起修订了销售税（sales tax）法案，要求电商平台对于跨境销售至该州的应税交易根据相关州的法规向买家代为收取并向税务局缴纳销售税。故一般情况下，卖家无须做特殊操作。

巴西作为速卖通的前五大市场之一，其纳税和清关政策较为复杂。根据巴西相关规定，自 2020 年 1 月 1 日起，发往巴西的物品类邮件（以下统称包裹）必须统一向巴西海关提交收件人个人税号信息，即 CPF（cadastro de pessoa física，法人登记卡）无 CPF 的包裹将面临无法完成清关及末端投递，被当地销毁甚至退运的风险。对发往巴西的新建订单，消费者必须输入 CPF 方可完成交易，但平台无法保证所有消费者都会按照平台通知填写 CPF。因此，卖家尤其要注意巴西订单，尽管平台将对 CPF 的格式进行校验，在包裹到达巴西之后，若 CPF 缺失，巴西邮政会联系消费者并要求其在规定时间内按照指定方式提交 CPF（就该服务，巴西邮政会向消费者收费）。若消费者逾期仍未提交，将面临扣关甚至退运的风险。该环节需要卖家积极联系并配合清关，尽量使用平台内线上物流发货。

澳大利亚与新西兰是典型的需要征收货劳税（coods & services tax，GST）的国家。货劳税即货物劳务税，它不是一个税种，一共包含增值税、消费税、营业税、出口退税四个税种。自 2018 年 7 月 1 日起，速卖通平台需要对 1 000 澳币及以下的订单向买家额外征收 10% 的货劳税，并申报缴纳给澳洲税务局。自 2019 年 12 月 1 日起，速卖通平台需要对卖家跨境销售至新西兰且金额不超过 1 000 新西兰币 / 件的应税商品，向买家收取 15% 货劳税，并申报缴纳给新西兰税务局。超过 1 000 新西兰币的商品仍然由海关在进口时征税。

英国已推出新的增值税法规，自 2021 年 1 月 1 日起，若商家从英国境外发货：

（1）重量≤ 15 英镑，增值税豁免政策被取消，即所有销售至英国的货物均需缴纳英国增值税；

（2）重量≤ 135 英镑，速卖通有责任根据英国税法向买家收取英国增值税，并申报缴纳给英国税务局；

（3）重量＞ 135 英镑的商品，仍然由海关在进口时征收增值税和关税。

若商家使用英国海外仓发货，速卖通有责任根据英国税法向买家收取英国增值税，并申报缴纳给英国税务局。

速卖通全部站点将根据英国的法规要求作出相应的技术调整，对于符合征税条件的商品代收代缴相关税款。卖家无须对此做配置，订单结算上不会对卖家的收款造成任何影响。建议卖家根据自身情况评估英国新增值税法规对定价及运营等的影响。

5.4.2 速卖通产品通关

近年来,跨境电商发展迅猛,全国各地的跨境电商综合试验区拔地而起。2015年,杭州被列为全国首个"跨境电商综合试验区"城市,建立"六体系、两平台"模式并迅速将经验扩散至其他城市。其作为全国首个跨境电商数字口岸,率先实现一次申报、一次查验、一次放行。

在综合试验区政策影响下,跨境电商开始实行"清单核放、集中纳税、代扣代缴"的模式,成功解决了跨境电商B2C零售的"碎片化"问题。根据《中华人民共和国海关总署公告2014年第12号》第一条的规定,增列海关监管方式代码"9610",全称"跨境贸易电子商务",简称"电子商务",适用于境内个人或电子商务企业通

扩展阅读5.4 中华人民共和国海关总署公告2014年第12号

过电子商务交易平台实现交易,并采用"清单核放、汇总申报"模式办理通关手续的电子商务零售进出口商品(通过海关特殊监管区域或保税监管场所一线的电子商务零售进出口商品除外)。9610是一个四位代码,前二位是按海关监管要求和计算机管理需要划分的分类代码,后二位为海关统计代码。在此模式下,速卖通产品的通关流程为:网上购物→买家付款→清单核放→买家收货→汇总申报,如图5-15所示。

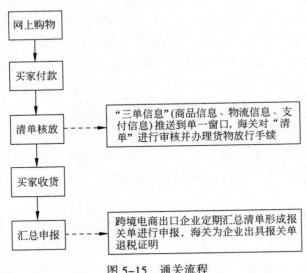

图5-15 通关流程

9610监管模式极大地简化了跨境电商B2C出口的报关程序,解决了国际小包出口结汇、退税等问题,提高了报关效率。以杭州跨境电商综合试验区为例,跨境小包最快可在收货换单后的12小时内装机发往世界各地。

根据我国海关总署公告2018年第194号《关于跨境电子商务零售进出口商品有关监管事宜的公告》第8条的规定:跨境电子商务零售商品出口时,跨境电子商务企

业或其代理人应提交《申报清单》，采取"清单核放、汇总申报"方式办理报关手续；跨境电子商务综合试验区内符合条件的跨境电子商务零售商品出口，可采取"清单核放、汇总统计"方式办理报关手续。

【案例分析】

小郭是速卖通某店铺的运营，某美国买家 12 月 1 日在其店铺购买了 30 个产品，价值共 200 美元。小郭当天完成实际发货，商品于 12 月 3 日经保税中心运往美国。但在此期间，小郭没有填写发货通知。买家 12 月 3 日查询物流信息，发现货物仍处于未发货状态，将订单取消。经与买家沟通无效，小郭向速卖通后台提起申诉。

问题 1：在没有填写发货通知，而实际上已经发货的情况下，小郭能否申请强制恢复订单？为什么？

问题 2：若订单无法恢复，小郭能否拿回货物？请详细说明。

────◆── 即测即练 ──◆────

第 6 章

店 铺 营 销

【学习目标】
- 了解速卖通店铺营销方式。
- 了解平台活动与店铺活动的区别。
- 了解广告投放的原理。
- 掌握产品站内营销方法。

店铺营销是速卖通运营中有难度、较为复杂的内容，其包括但不局限于产品营销，更多的是通过产品营销实现品牌概念植入，让品牌带来更多溢价。经过多年的发展，产品营销在过去平面营销发展基础上重点发展短视频和直播营销，这也是速卖通平台近年来扶植的营销领域。

6.1 产品营销

速卖通产品营销是指运营方分析目标市场和产品的特点，通过包装、规划、广告、优惠等策略在站内和站外进行产品宣传，进而提升产品销量，获得产品利润的商业活动。

6.1.1 平台活动与店铺活动

速卖通站内营销模式较多，如图 6-1 所示，主要分为平台活动和店铺活动。

平台活动即速卖通自身发起组织的营销活动。以 Flash Deals（含俄团）为例，是平台按照主题或地域发起的秒杀类活动，也是平台的爆品中心，帮助店铺打造爆品以及规模化拉新。此类活动对卖家资质有要求，通过设定 90 天店铺好评率、最近 30 天 SNAD（物品与描述不符）纠纷发起率来筛选优质

视频 6.1 平台营销活动介绍

卖家。同时，报名的商品不能为新品，在上网率、近期销量、包邮区域等方面均有要求。

（1）试用频道：此活动为平台的试用中心，帮助店铺推广新品，快速获取粉丝。用户通过活动可申请商品试用机会，即会成为店铺粉丝。活动期间，80%+ 的商家可获得 5 000+ 店铺粉丝。用户每天仅有 2 次申请机会，对所申请商品兴趣度高，建议通过店铺"客户营销功能"进行后续营销。配合店铺商品报名 Flash Deals，可进一步提升营销效果。此类活动适合资金基础较好的新卖家，可以迅速拉动店铺流量，促出单。

图 6-1　营销活动界面

（2）品牌闪购：针对头部品牌、有一定运营基础的店铺开设的品牌孵化活动。

（3）金币频道：此活动仅针对移动端买家开设，买家可以通过金币兑换享受折扣，频道在 App 内的英文名称是 Coins & Coupons，是目前移动端流量排名第一的频道。活动资质要求较严格，商品需要在 30 天最低价基础上给予额外折扣。

平台活动一般力度较大，卖家选品时要做充分的市场调研和成本预估，避免因补贴活动造成较大的损失。相对于平台活动，店铺活动的可控性较强，卖家个性化发挥的空间较多。

（4）单品折扣：在选定时间内对单品打折，用于店铺自主营销。单品的打折信息将在搜索、详情、购物车等买家路径中展示，以提高买家购买转化，快速出单。

（5）满减活动：满减活动包含满立减、满件折、满包邮三种活动类型，均不限制活动时长和活动次数。满包邮活动通过包邮作为利益点，可有效提升客单。另外，满减优惠同店铺其他活动优惠可累计使用。对于已经参加单品折扣活动的商品，买家购买时以单品折扣活动后的价格计入满减优惠规则中，故需要卖家谨慎设置活动，避免因叠加优惠造成损失。

（6）店铺优惠券：店铺优惠券分为领取型优惠券、定向发放型优惠券、互动型优惠券，可采用多种渠道推广，通过设置优惠金额和使用门槛，刺激用户转化提高客单。优惠券的设置有金额与最低发放量的要求，可配合直播营销导入商品直播间。

（7）搭配套餐：将店铺商品进行组合销售，刺激转化提高客单。一个产品作为主商品，暂时不能创建超过 3 个搭配套餐，主商品个数是按照商品维度计算。一个套餐里，最多 1 个主商品、4 个搭配商品。搭配套餐目前仅支持在 App（移动端）的商品详情页自动展示，PC 端暂不支持展示。

（8）互动活动：速卖通拼团活动模块即将撤销，店铺互动活动目前仅可设置互动游戏。互动游戏中，卖家可设置"翻牌子""打泡泡""收藏有礼"三种互动游戏，其中活动时间、买家互动次数和奖品都可自行设置，设置后选中放入粉丝趴帖子中可快速吸引流量到店。

（9）店铺优惠码：商家可以针对商品设置一串优惠码（code），买家下单时输入优惠码即可享受相应优惠。优惠码是海外比较流行的互动活动，买家在活动中有参与感，更容易促成转化。

6.1.2 联盟营销

海外营销联盟指主要盈利模式或盈利模式之一为"基于成功销售而收取一定比例佣金"（cost per sale，CPS）的海外广告联盟，包括海外广告联盟平台（联盟平台）及在联盟平台注册的推广信息海外发布者（海外发布者）。卖家将符合条件的商品通过营销服务达成交易后，物流记录显示妥投且买家确认付款（或阿里巴巴认为可视为成功交易的其他情形），即为成功销售。基于此，阿里巴巴收取根据卖家事先设定的比例计算的推广费用。该费用的计算方式为

商品成交金额（不含运费）× 商品佣金比例（下单时的佣金比例）

其中，商品成交的最终金额为

商品实际成交价格 = 商品最终交易价格 − 运费

海外联盟营销的优点是曝光免费，按成交收费，并且联盟营销的曝光为站内、站外同时曝光。其站外曝光的优点是其他速卖通营销活动所不具备的。其站外合作渠道主要分为三大块。

（1）全球性的网络：Google 等搜索引擎，Facebook 等社交网站，Youtube 等视频网站。

（2）区域性的网盟：类似该区域的流量一级代理概念，如俄罗斯的 Admited、欧洲的 Awin。

（3）本地媒体：导购网站、测评网站等。

以法国客户 Carlos 购买的衬衣为例，Carlos 通过某联盟网站，看到了义乌卖家小吴的衬衫，进入商铺后只购买了两个箱包（价格分别为 10 美元和 30 美元），运费 8 美元。箱包产品的类目佣金比率为 8%。小吴需要为这笔订单支付（40 美元 −8 美元）× 8% = 2.56 美元的联盟佣金。

联盟营销模块下设 U 选计划，是联盟推出的一个与招商活动高频结合的单品推广计划，对原创型新品加持力度较大。U 选计划不定期与平台的各类营销活动结合或

举办联盟专属招商活动，如季节清仓大促、爆品计划、节日大促、年终盛典等。如果商品已经参加联盟营销，又准备报名 U 选计划，则其 U 选计划活动的推广期间的佣金要大于其在联盟营销中设置的佣金，直至活动结束。

6.2　客户营销

速卖通客户营销也称场景营销，即通过对客户进行不同场景的分组，自定义营销计划。此类营销活动个性化较强，是对卖家私域流量的资源整合，通过分析客户群体，二次刺激顾客需求，进而增强顾客黏性。

6.2.1　人群分析

在设置营销活动前，卖家需对店铺流量做初步分析。人群分析功能可锁定店铺的主流市场。同样，以"年龄、性别"等为标准进行筛选，也可以反向促进选品和营销，增强粉丝黏性。需要注意的是，欧盟针对个人隐私法律严苛，基于欧盟 GDPR（《通用数据保护法案》），将不能查询和保存未经欧盟用户同意的信息。

除此之外，卖家可使用"客户分组"功能进行人群分析。如图 6-2 所示，可以按照顾客在店铺中行为的不同指标进行划分，进而发起不同的营销活动。

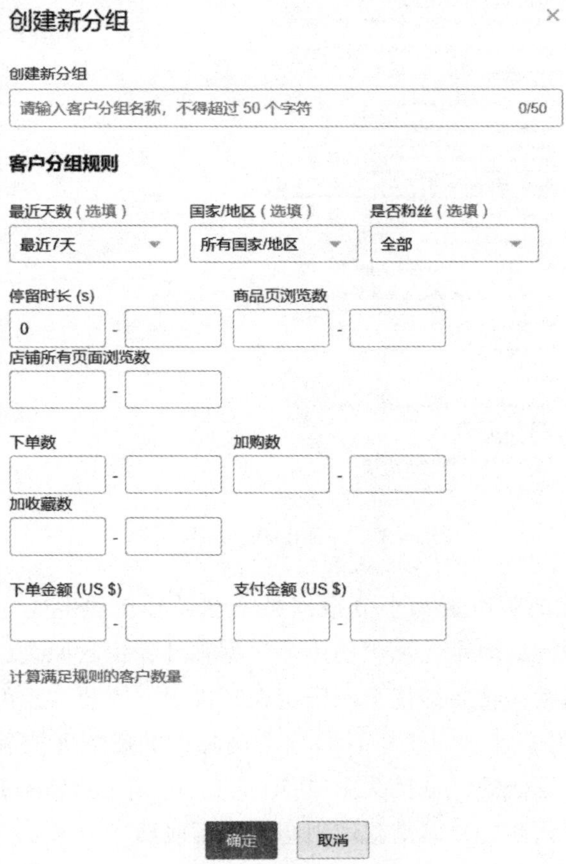

创建新分组　　　　　　　　　　　　　　　　　　　　　×

创建新分组

| 请输入客户分组名称，不得超过 50 个字符 | 0/50 |

客户分组规则

最近天数（选填）	国家/地区（选填）	是否粉丝（选填）
最近7天 ▼	所有国家/地区 ▼	全部 ▼

停留时长（s）　　　　　　　商品页浏览数

| 0 | - | | | | - | | |

店铺所有页面浏览数

| | - | |

下单数　　　　　　　加购数

| | - | | | | - | |

加收藏数

| | - | |

下单金额（US $）　　　　　支付金额（US $）

| | - | | | | - | |

计算满足规则的客户数量

图 6-2　客户分组

以"加购"指标为例，该组用户为转化可能性最高的用户，具备成熟的购买意向。卖家可批量满减优惠或店铺优惠码提升购买可能性。针对浏览时间长、浏览数低的顾客，推断出其对商品感兴趣，但对商品某些特点仍存质疑，可以转至客服进行一对一售前咨询，通过主动介绍商品信息，提升顾客购买意愿。对于浏览时长、浏览商品数、收藏、加购数等指标均较高的顾客，可列为重点营销组，说明店铺商品风格、价位符合买家喜好，针对该类买家应主动推广、多频次推广。

客户营销中较容易被忽视的是邮件营销。对于国内商业环境而言，邮件营销时效性差、转化率低，商家与顾客都在信息传送中表现较高的"不耐性"，即时营销、快速下单的方式更容易被接受。对于西方买家而言，购物中适时的距离感与时间感能让其感到更加舒适，邮件中隐藏的优惠券也更容易完成转化。以法国护肤品牌伊夫黎雪（Yves Rocher）为例，其针对粉丝用户平均每周发送 3 封邮件，包括新品推送、单品折扣与节假日折扣等。如图 6-3 所示，伊夫黎雪通过在邮件标题中加入图形符号的方式提醒买家打开含有优惠券的邮件，此方法更能节省买家时间，获得消费者好感，实现精准营销。

图 6-3　Yves Rocher 邮件营销

邮件营销中的优惠券一般为企业根据买家会员号自动生成的具有唯一性的优惠券。用户只能在线下商店出示优惠码使用。根据邮件营销的原理，卖家可借助店铺优惠码活动进行客户营销，将店铺优惠码锁定在邮件里。需要注意的是，针对同一买家发送营销邮件需要间隔 14 天以上，且目前营销邮件的疲劳度控制还按照买家纬度进行。不管是哪个卖家发送的，一个买家 7 天内只会收到 2 封营销邮件，所以如买家 7 天内收到营销邮件达到 2 封，营销邮件则会发送不成功。

6.2.2　粉丝营销

粉丝营销即针对关注店铺、成为店铺粉丝（followers）的买家定期开展的互动营销，以保持店铺黏性、提高复购率的营销活动。

速卖通粉丝营销是内容营销的重要组成部分，主要包括 Feed 流营销与站外社交账号营销。Feed 本意为喂养、提供、满足，意在通过个性化推送用户的兴趣及关注点。流是信息有规律排版的一种动态的呈现形式，淘宝平台中的"发现""逛逛"与"微淘"都是 Feed 流的表现形式。

Feed 频道是速卖通平台为广大卖家提供的粉丝营销阵地，关注店铺的买家可以收到卖家发布的动态信息。Feed 频道有两个入口，一个是 App 首页频道，入口在 App 首屏的重要位置；另一个是店铺内的 Feed 模块。Feed 频道内容分为关注（following）和发现（inspiration）两部分，进入 following 板块，用户可以查看关注店铺的内容动态，inspiration 的内容是根据用户喜好做的个性化推荐。同时，卖家与买家可以在 Feed 模块互动，及时解决买家的疑惑有助于产品推广。速卖通 Feed 推送主要为图文和短视频，短视频营销也成为当下的时尚与热点，可以分为以下几种形式。

（1）介绍展示类短视频：主要介绍产品的基础物理属性，无过多的内容营销，以纯展示、解说为主。

（2）解说导购类短视频：基于介绍类短视频增加个人体验和情绪渲染成分，赋予产品一定的场景，但主场景仍以解说为主。

（3）品牌宣传类视频：围绕产品"调性"、特点、品牌使命等与消费者建立基础信任，强调品牌概念植入，属于间接营销类视频。

（4）娱乐类视频：属于典型的内容视频营销，通过短小的剧情吸引消费者的注意力但转化功能有限，需长期坚持制作，以增加品牌认知度。

（5）使用场景类视频：赋予产品不同的场景以体现产品的功能性与美感。该类视频制作成本高、周期长、专业性要求高，但转化率较好，适合美妆、服装、电子、家居等类目。

（6）售后短视频：一般为购入产品后的指导教程，如家具组装视频、产品损坏修复视频等。

短视频制作可以与海外网红达人合作，进入 FEED – inspiration 频道，单击卖家希望合作的达人头像进入主页，在 view more information 中获取达人的联系方式与合作要求。另外，一些网红达人会通过速卖通聊天窗口主动找大卖家合作，但网红身份需多重验证，存在一定的合作风险。

速卖通粉丝营销可与站外社交平台绑定。例如，卖家可以将 AliExpress 内容后台上创造的内容一键分享到 Facebook 平台，实现站外引流。同时绑定账号后可以将 Facebook 上发布的内容同步到 AliExpress 内容后台，在 AliExpress 的内容场景下使用，如图 6–4 所示。

图 6-4 粉丝营销

6.3 广告营销

速卖通站内广告营销是指卖家根据产品需求，向速卖通平台付费购买不同场景流量的营销活动。速卖通站内营销主要分为直通车、灵犀推荐、智投宝和钻石展位四种模式。其中，直通车针对的是搜索场的流量，智投宝同时针对搜索场与推荐场，灵犀推荐针对推荐场流量，钻展广告则主要针对品牌商品打造。

搜索场是指买家通过前台搜索框搜索关键词的搜索场景。推荐场则类似淘宝的边买边逛，当买家无目的娱乐式浏览主页时，平台根据其喜好向其推荐产品，推荐场的广告一般出现购物车 / 收藏夹 / 物流详情页等购中和购后的商品推荐位。钻石展位广告需要买家购买位置较好的展位，相对于其他模式，更强调产品曝光。

6.3.1 直通车

直通车是速卖通按点击收费（cost per click，CPC）的推广服务，旨在帮助卖家迅速精准定位海外买家，扩大产品营销渠道。卖家通过关键词竞价使产品在多个关键词的黄金位置免费优先排名展示，如果买家仅仅是浏览，并没有点击产品进行查看，则不扣费（国外用户点击才收费，中国内地点击不收费）。

视频 6.2 直通车如何助力爆品

直通车营销的商品有固定展位且 PC 端和移动端展位不同。PC 端为主搜页 – 第 5/10/15/20/25/30/35/40/45/50/55/60 位；搜索页底部智能推荐位。移动端为主搜页每 20 个产品一页，直通车推广位第一页为第 3、11、19 位，第二页及以后为第 6 位和第 16 位。具体的排序位置取决于直通车的投放方式，直通车从上线以来经过多个版本的改革，截止到目前，直通车主要的广告模式为关键词投放模式。

关键词投放，即为目标商品关键词出价，如果推广的关键词与买家搜索的关键词相关，就会在相应的直通车展位上出现。如图 6-5 所示，每个关键词对应 7 个指标。推广评分用于衡量在该关键词下，商品在直通车推广的质量。图中所有关键词为 3 星，表示商品有资格进入主搜翻页 + 底部位置的广告区域；如果达到 4 星或 5 星，商品有资格进入主搜前面位置的广告区域；推广评分为 1 星，表示无法参与正常投放。推广评分的星级不但决定关键词下哪些推广位的竞争，还影响了推广商品曝光后被点击时产生的实际花费进而影响直通车产品出价。

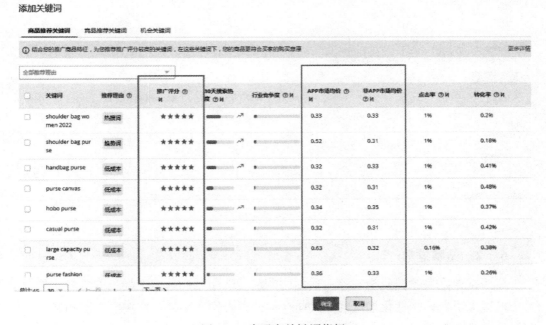

图 6-5 直通车关键词指标

直通车的点击扣费规则为

（下一名客户的出价 × 下一名客户的推广评分）/ 卖家自身的推广评分 +0.1 元

因此，对于已经掌握一定市场份额的商品，在与竞争对手持续竞争中，应尽可能地去推广评分高的关键词，以用最低的成本获得更好的展位。

另外，速卖通直通车客户针对某关键词参与竞价的激烈程度，数值越大，代表同行对该词的关注程度越高、竞争度越激烈，但这仅作为衡量关键词本身热度的指标，不能衡量销量。例如，关键词 ins 属于流量词，对于新手卖家来说，在资金预算有限的情况下，尽量推一些长尾词，避开不精准的流量词。对于大卖家来说，抢占排名更加重要，可考虑将 ins 覆盖在内。

　　除此之外，卖家较关心的指标之一是市场平均价，也就是在购买该关键词的所有推广商品中，该关键词搜索结果中获得推广位曝光的商品的平均出价。

　　选好推广词后，卖家需要设置关键词投放的区域和人群。通过 6.2.1 节介绍的人群分析可以确定要投放的潜力市场以及溢价率，然后再根据销售目标筛选人群溢价。如图 6-6 所示，准备做单品打爆的商家可以将人群定向的四个指标全部勾选。如果销售目标为新品测款，则可以拉高加购和购买这两项指标的一项。还可以根据产品的实际情况增加人群标签，提高投放精准性。

图 6-6　人群定向指标

6.3.2　灵犀推荐

　　灵犀推荐是一款覆盖全球速卖通站内购前、购中、购后多个场景的推荐广告产品（边逛边买），以个性化推送的方式向合适的买家推送商品，并按照点击扣费。

　　灵犀推荐和直通车均为按点击收费的广告产品，其区别如表 6-1 所示。

表 6-1　灵犀推荐、直通车的营销对比

项　　目	灵 犀 推 荐	直 通 车
广告展位	购前 / 中 / 后的购物场景	搜索结果页
广告特点	智能化主动推荐	关键词被动搜索匹配
覆盖人群	基于数据挖掘购物意向、边逛边买	明确购物目标
影响点击因素	兴趣 + 创意图	需求 + 主图

在一般商品展示时，买家看到的图片为商品主图。灵犀推荐要求卖家准备投放商品的创意图。如图 6-7 所示，灵犀推荐侧重于在恰当的时间，根据消费者的浏览习惯，进行场景式推送，以此快速建立消费者的"使用印象"，进而加强推送效果。

视频 6.3　灵犀推荐如何助力潜爆品打爆

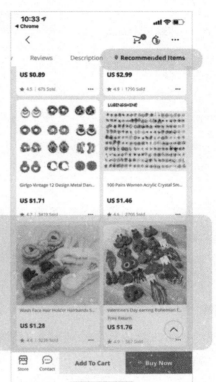

图 6-7　灵犀推荐展位

6.3.3　智投宝

智投宝将推广商品在搜索流量下自动匹配最精准的关键词，在推荐流量下自动匹配最精准的人群。其与直通车的最大区别是无须选词，只需要设置好预算后等待系统的智能投放。用户设置好指标后，智投宝会执行双渠道投放策略，即直通车 + 灵犀推荐双投放，需要注意的是，若选择的商品已经在直通车推广，则不会重复使用直通车搜索渠道推广。

如图 6-8 所示，某商家新增推广计划，可通过 AI（人工智能）推荐筛选出目标商品，也可根据销售目标人为选择新发商品或热销商品等。针对有销量且销量不断增长的商品，卖家可在营销场景中选择"爆品通"，通过调整出价助推爆款。

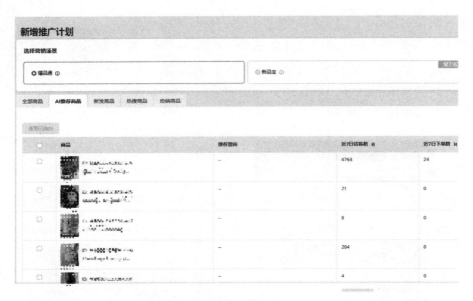

图 6-8　新增推广计划

　　智投宝的技术投放原理为机器学习，在投放的前 7 天为信息抓取、数据分析、模型学习期，因此，前 7 天的数据震动较大，没有出单属于正常情况。用户在使用智投宝时，应做好充足的资金准备，不轻易更改商品参数，给予投放行为充足的"学习"时间方能获得效果。

6.3.4　钻展广告

　　钻展广告是一款以释放品牌曝光为核心诉求的展示类广告产品，通过跨类目的充分曝光，为店铺带来集中性的访客增长。如图 6-9 所示，钻展广告目前固定出现在首页焦点图 3/6 帧，是买家视觉扫描的集中区域，它通过锁定固定的焦点图版位，在商家锁定排期时间段和曝光量的设置下，将广告直接推到受众面前，最大化吸引受众注意力。

图 6-9　钻石展示位

钻展广告目前按照合约方式售卖，以曝光计费，每千次曝光固定单价（cost per mille，CPM）。其曝光位置和收费方式决定了该类广告是引导消费去发现需求的广告，适合投放大众类消费品。钻展广告最主要的目的是尽可能曝光、让消费者获得产品认知，进而点击，完成转化。该类广告适合店铺基础较好、有一定运营能力的店铺去操作。同时，对于做品牌化的商家而言，钻展广告是可以快速扩张认知的广告方式。

6.3.5　站外广告

站外广告是指除速卖通平台以外的社交媒体、搜索引擎等带来的流量转化。常见的引流渠道有 Google 广告、Facebook 广告、Instagram、Twitter 等。

Google 广告是站外广告的主要类型之一。不论是亚马逊、速卖通还是 Shopee、Lazada，站外引流，都离不开 Google 广告。根据 Google 广告全漏斗战略，可基于用户不同的转化需求投放不同的广告。例如，基于提升知名度，以曝光为主要目的的用户可重点投放展示广告、YouTube 广告、搜索广告。以驱动转化、提高购买和复购为目的的用户则重点投放搜索广告、展示广告。对于品牌化卖家，想要扩大知名度，可以选用谷歌的搜索广告，如图 6-10 所示。

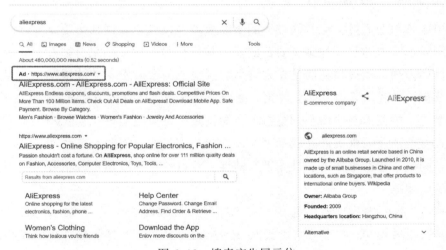

图 6-10　搜索广告展示位

另外，展示广告、Youtube 的导视广告或不可跳过广告也是此类卖家的常见选择。对于已经有一定基础的卖家，则更看重由点击到购买的转化，则可选择 Google 购物广告。同时，消费者的需求和动机多种多样，卖家无法预测消费者的点击与购买渠道，以及购买时间或者消费偏好。因此，站外采用广告类型的组合打法，可以最大限度覆盖潜在消费者，如图 6-11 所示。

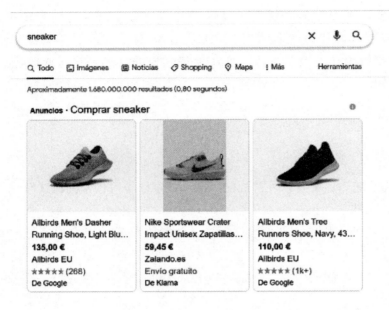

图 6-11　购物广告展示位

6.4　短视频、直播营销

短视频营销即通过拍摄时间较短的主题视频并投放至该领域的受众群体，进而达到推广商品、实现转化（购买）的目的。因其具有娱乐性，故而消费者未必带有明确的消费目标去观看短视频，而是在观看后，其消费需求被发现、被激发。区别于传统的图文营销，短视频营销更加立体化，更符合互联网时代背景下新零售"人、货、场"的迁移变化。根据消费习惯和浏览数据，短视频可以被精准投放到兴趣人群中，以娱乐的方式挖掘消费需求。产品展示更加立体化、多元化，消费者可以在几秒钟之内决定去留。同时，场景更加丰富且注重互动性，在过程中予以消费者想象的空间，进而提高产品认同度。

根据 4.2 节的内容，速卖通在上传产品环节可编辑 2 个短视频。在 Feed 流频道可以多频次投放视频，在直播中可借助 OBS 推流方式进行直播 + 短视频的联合展示。另外，站外短视频引流也成为产品流量来源的新渠道。

视频 6.4　速卖通直播功能介绍

直播营销是当下比较流行的在线营销模式，主播通过多角度介绍商品将顾客带入场景，进而提升其购买欲望，促进产品销售。

全球速卖通作为阿里巴巴最大的 B2C 跨境电商出口平台，其直播模式和风格与淘宝相似。入驻速卖通的金银牌商家可直接开设直播，非金银牌的商家需填写申请信息，经审核后，会在 2 ～ 5 个工作日开通直播权限。AE

LIVE 目前出现的形式主要分为潮流穿搭、微距展示、功能演示、开箱测评、客服导购和品牌秀场。常见的直播方式为主播现场进行产品展示与互动。一般情况下，参与直播的商品会享有特殊折扣，主播通过与观众互动的方式发放优惠券。

AE LIVE 的推流方式分为 OBS 推流、手机推流，支持在前端 18 国语言透出。OBS，即 Open Broadcaster Software，它是一款常见的互联网流媒体直播内容输入软件。手机推流相较于 OBS 操作更加简单，但受技术影响，直播约有 15 秒的延迟，画面质量受设备影响严重。但手机推流不受时间、地点的限制，操作便捷，适合场景要求不高的产品。

速卖通直播权限为申请制，除了金银牌商家统一开放直播权限外，其他商家均需填写申请表申请权限，且该权限不是一次性开放，即规定时间内没有完成直播销售指标或场次，下次直播时仍需申请权限。卖家获得权限后，可立即设置直播间。如图 6-12 所示，* 号表示的均为开设直播间的必填选项。

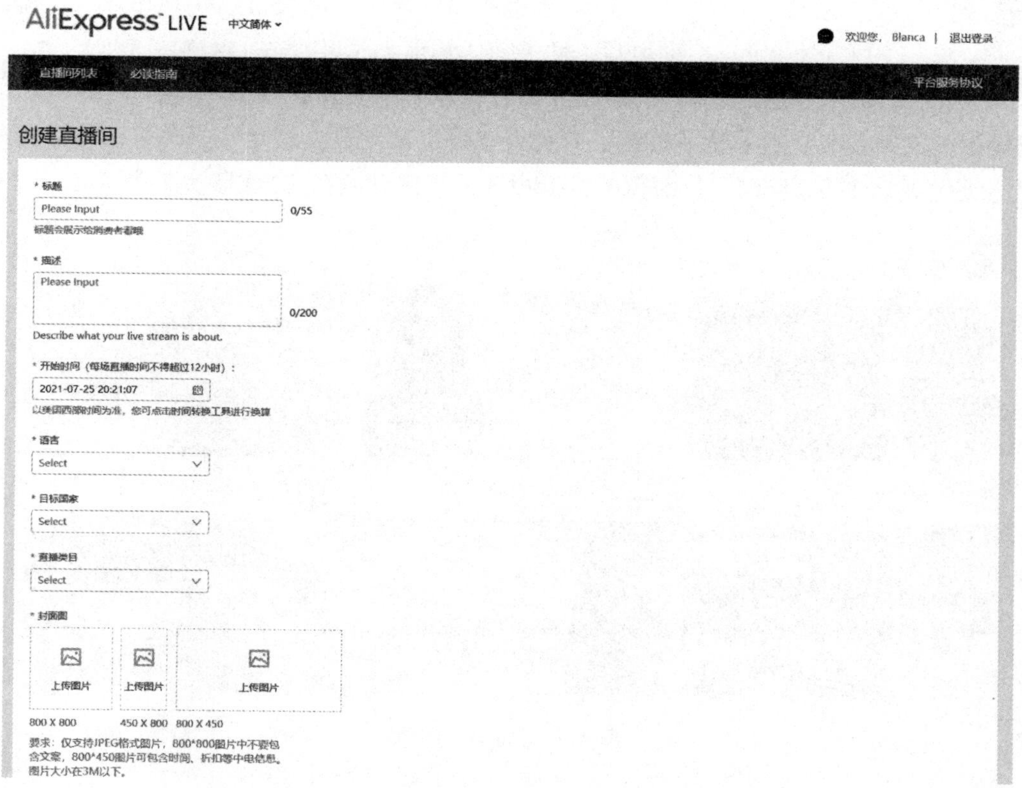

图 6-12　直播间创建界面

（1）标题：标题是吸引买家注意力的关键环节，卖家可将直播内容的主要卖点嵌入标题中，如季节大促、直播间特惠、××商品专题等。

（2）描述：直播的产品内容是什么，卖家需要在 200 字符内将直播内容概括完毕，语言尽可能直接、简洁。

（3）开始时间：以美国西部时间为标准，故卖家输入的直播时间应是美国时间。可借助下方的时间转换工具对标直播开始时间，建议直播时间为目标市场的19：30—24：00。

（4）语言：卖家需要设置直播语言，平台支持包括中文在内的18种语言。卖家可选择中文直播并勾选界面下方的自动翻译工具。直播开始时，速卖通会将卖家所讲中文翻译为外文投放在公屏上，但买家听到的仍是中文。目前，这种方法可以保证基本的沟通，但在互动区的答疑环节中无法实现精准翻译，建议有条件的卖家用目标市场原文直播。

（5）目标国家：直播投放于目标国家，但这并不意味着其他国家无法看到直播。

视频6.5　西班牙语市场直播

例如，卖家设置目标市场为美国，但其他国家仍可以观看视频并参与互动。

（6）直播类目：所售商品类目归属，此处应尽量精准填写，便于速卖通前台精准投放。

（7）封面图：直播开始前后买家在前台可以看到的直播图片。如图6-13所示，封面图的文字偏大、色彩饱和度高、素材夸张且突出主题。满足这三个条件的封面图更能吸引买家注意。同时，封面图可将折扣等关键信息放在突出位置，以增强点击率。

图6-13　直播封面图

卖家上传的3张封面图将出现在不同的位置。如图6-14所示，大卡样式出现在PC端，小卡样式则是移动端推送，banner展示为买家单击速卖通导航栏中的LIVE入口所看到的直播海报。因此，卖家上传完宣传图片后，需要在预览界面审核图片样式，保障推送效果。

图 6-14　直播封面样式预览

短视频、商品：非设置直播间必填选项，但可以增加直播的曝光度。

同声传译：使用该功能的前提是直播间环境安静、硬件设备优良，同时要求主播发音标准、断句精确、语法规范、语速较慢。直播过程中声音洪亮、重点突出，这样更容易被机器识别，精准翻译。

卖家创建好直播间后，可以在直播间列表看到自己的直播计划。直播开始前，卖家仍可对直播间的设置选项进行修改。同时，可以复制直播间 ID（身份标识号）和直播地址，通过 FEED 频道或邮件营销推广，获得更多观看量。

除此之外，卖家在直播前应配齐直播的基础设备，包括以下几方面。

（1）灯光：直播需要的光源主要有主光、辅助光、逆光、顶光、背景光。其中，主光和背景光是基础光，需注意打光均匀，避免使用射灯、筒灯等非专业光源，降低画面质量。可将主光源前置在主播左右 45°的位置，如果是服装展示，建议在此基础上使用辅助光与顶光，以增加服装的色彩饱和度。

（2）直播架：如图 6-15 与图 6-16 所示，建议卖家配置桌面直播架和直立式直播架。桌面直播架主要用于微距直播或者小件商品直播，直立式直播架主要用于服装、箱包、家具等体积较大的物品直播。

图 6-15　桌面直播架

图 6-16　直立式直播架

（3）展示背景：直播间的展示背景须与产品类型、调性保持一致，做到干净、整洁、清晰。如需特效背景墙，可使用 OBS 推流方式，绿布抠像即可。

直播间设置好后，卖家可进入速卖通直播中控台，如图 6-17 所示，中控台大致可控制 5 个模块。

图 6-17　直播中控台

（1）影像区：直播时的影像，但与直播不同步，约有 10 秒的延迟。可通过观察直播影响调整直播方位。影像区下面可选择直播的推流方式，直播后，可以下载视频截取高光片段作为 Feed 推流的素材，也可以编辑视频，把精彩部分剪辑发布，速卖通会将剪辑后的部分推送至产品主图旁，增加商品的曝光率。

（2）互动区：买家可通过留言形式在此与主播互动。

（3）数据区：反映直播观看数据、商品数据的区域。单击"更多数据"（More Data）可以看到更多直播数据，如图 6-18 所示。在"更多数据"中可以看到直播带来的转化，包括点击、加购、购买情况等。这对分析、判断直播内容有直观的辅助作用。

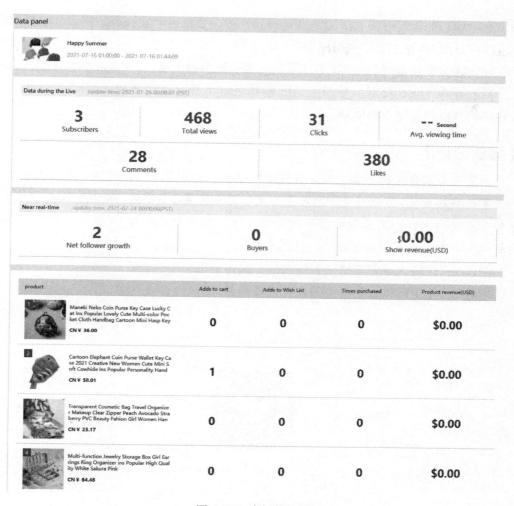

图 6-18　直播数据图

（4）商品列表：一场直播要展示和介绍的商品列表。主播每直播一个新产品，运营需单击对应商品的"开始讲解"方可将商品置于高光时刻，获取更多关注。

（5）优惠券：直播过程中，主播发放的"福利"和优惠，需提前设置金额和数量，在直播过程中发放。

对于中国卖家来说，如果不采用达人合作模式，语言沟通是直播中面临的主要问题。基于此，刚开始接触直播的店铺可以设置 1 名主播和 1 名副播，互相搭配，避免冷场。开播前，主播和副播需充分了解目标市场的禁忌，如宗教、肤色等问题。如遇到语言失误等问题，可利用推流延迟的特点立刻关闭直播。另外，针对买家关注的产品材质、尺寸等问题，可提前用多语言写在提示板上。直播间现场还需一位场控来协调运营与主播间的配合，运营则主要负责中控台的操作。

需要注意的是，尽管速卖通允许一个实体名下有 6 家店铺，但是一场直播只能对应 1 家店铺，如果对应多家店铺，会被判罚违规。直播时禁止空播，但开始直播和结束直播时可留 30 秒左右的余白以平衡延迟的情况。

速卖通卖家还可以利用 Tik Tok 平台直播引流至速卖通。Tik Tok 平台注重内容创作，只有获得 1 000 及以上粉丝人数的创作者方可开启直播频道。因此，Tik Tok 平台直播的基础仍是短视频营销。

【案例分析】

小王是某服饰品牌卖家，因其销量遇到瓶颈，资金有限，故选择直播方式带货。小王每天早起直播，与公司员工采用全外文轮流直播共计 6 小时，共发放 10 张优惠券。根据其直播脚本，小王采用纯讲解的方式直播，每个产品直播 10 分钟。经过 1 个月的测试，小王发现直播效果较差，转化率低。

问题 1：你认为小王直播效果较差的原因是什么？

问题 2：小王可以在哪些方面改善直播质量，提升商品转化？

———○——— 即测即练 ———○———

第 **7** 章

速卖通客服与纠纷

【学习目标】
- ■ 了解速卖通客服的分类及内容。
- ■ 掌握速卖通客服沟通技巧。

客服是指店铺客服人员针对买家售前、售中、售后进行答疑和其他商品咨询的服务环节。速卖通客服即指平台根据商家需要开设的自主式和人工式的咨询客服，也指店铺为平台买家开设的即时通信客服。

7.1 速卖通商家客服

速卖通商家客服可分为智能客服、人工客服、物流客服等。基于不同商家需求，速卖通也设立了不同主题的钉钉客服群。用户根据问题的性质选择客服类型，最常见的客服形式为智能客服。

7.1.1 在线即时客服

速卖通商家在遇到店铺运营问题时，一般可在线求助"小何"。"小何"是速卖通开发的一款集智能和人工于一体的客服机器人。它位于界面的右下角，通过收集用户搜索数据并根据界面的变化不断更新问题框里的常见问题。用户可以单击"向我提问"打开与小何的对话。

速卖通智能客服小何为触发回答式机器人。商家在提问时尽量语言简洁、表达规范，一次性只问一个问题，这样更容易触发后台答案。如果自动回复无法解答商家疑问，可通过下列方式触发人工客服。

（1）在对话框中输入"人工客服"，按对话框中的提示指令操作。

（2）若机器人给出不相关答案，单击倒立大拇指。如图 7-1 所示，对话框下方会弹出"召唤人工客服"字样。

（3）检查关键词，将问题换一种方式提问，精准触发。

智能机器人 24 小时在线服务，人工客服工作时间较为固定，人工客服窗口一经触发，便进入 5 分钟倒计时，如果商家 5 分钟内没有响应，对话将自动结束。

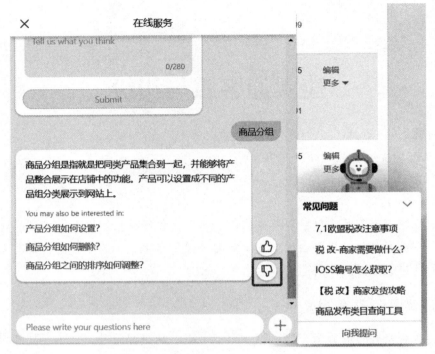

图 7-1　人工客服

7.1.2　物流客服

物流咨询是客服问题中的常见问题，一般为买家未收到包裹或包裹超时。因物流所涉线路众多、问题各异，所以物流客服的具体线路问题并不在小何的服务范围内。商家可通过交易 - 国际小包订单，输入单号查询。如图 7-2 所示，每件包裹的物流订单号旁均对应一个阿里旺旺的头像，单击头像，即可进入物流服务界面。

图 7-2　物流客服界面入口

物流客服系统原理与在线即时客服一样，商家最先接触到的是智能回复，如图 7-3 所示。触发人工客服后，客服根据提供的单号和物流状态解决商家问题。一般情况下，物流客服权限较小，涉及物流赔偿等事宜，商家需通过速卖通后台的"菜鸟商家工作台"跟踪推进。

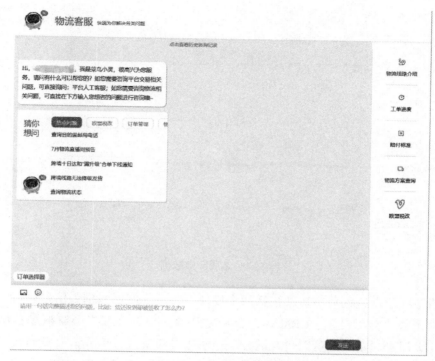

图 7-3　物流客服界面

7.2　速卖通店铺客服

速卖通面向所有买家提供在线即时沟通客服，并将该部分的响应率纳入卖家客服绩效范围内。速卖通提供自动翻译功能，故卖家可通过中文与目标国家客户沟通。

7.2.1　售前客服

与国内消费者购物习惯不同，国外消费者在线咨询频率较低，与商家沟通意愿并不强烈。例如，亚马逊作为全球最大的跨境电商 B2C 购物网站，其网页并未提供买家与卖家的直接对话窗口，如果买家有咨询需求，只能通过邮件沟通，亚马逊对卖家邮件回复率的考核为 24 小时。速卖通客服绩效模块如图 7-4 所示，将卖家 24 小时和 48 小时的回复率进行量化，以此促进卖家与买家的互动。

视频 7.1　提升消费者购物体验——西语市场客服技巧

速卖通买家常见的咨询问题有以下几个方面。

（1）物流问题：没有收到货物或者投递超时。

（2）产品问题：货不对板，协调纠纷。

（3）价格问题：索取优惠。

（4）其他问题：好评换取低价产品。

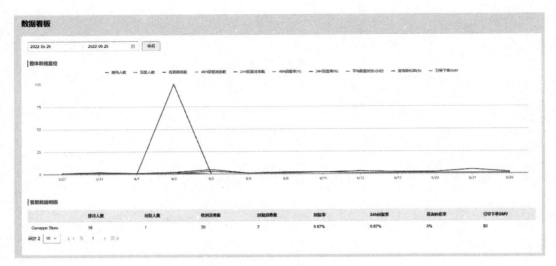

图 7-4　客服绩效数据

如图 7-5 所示，询单窗口共包括四个模块。左一导航栏分别为信息窗口、客户分组、数据走势、会话设置、CRM 客户营销以及语言设置。左二导航栏显示最近聊天顾客的聊天记录。主账号可以将对话分配至子账号负责人，由专人接管客服订单。右二为对话栏，卖家可单击自动翻译了解买家诉求。右一为买家信息和商品信息，辅助客服了解商品状态。

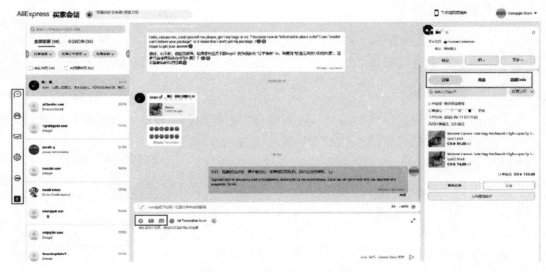

图 7-5　卖家客服对话弹窗

以常见的丢包客服咨询为例，买家没有在配送期内收到包裹。卖家通过右侧查看详情了解到包裹妥投失败，在给买家退款权益保证的同时，给予买家补偿，既是对产品丢失表达了自己的态度与责任，也在一定程度上降低了差评的风险。

　　针对询问较多、重复性询问等问题，卖家可以使用"会话设置"功能进行自助接待，包括快捷短语设置、自动回复设置、常驻关键词、买家会话邮件提醒等。以关键词为例，卖家后台选置针对售前和售后场景的常驻关键词，买家点击后，可收到卖家预设的自动回复。卖家最多可以设置 20 个关键词，但每个场景最多只能选择 5 个关键词。

　　以 My Order 为例，当买家询问包括目标关键词时，卖家通过行业经验判断买家要询问的是物流问题，可设置自动查询物流、耐心等待、超时赔款等回复，如图 7-6 所示。

图 7-6　自动回复设置

　　客服沟通窗口不仅仅是简单的信息交流，对卖家来说任何询单都是一次转化的机会。通过会话设置模块，可以个性化自动回复，通过"红包密令"与顾客互动，让顾客获取"被关注"的体验感，更容易促成转化。

7.2.2　售后客服

　　交易结束后，售后客服部分也是需要关注的环节。一方面，顾客针对产品的留评会在很大程度上影响曝光、流量与成交。另一方面，在留评区与客户互动可以增加客户黏性，维护粉丝效应，如图 7-7 所示。

　　在买家对卖家作出评论后，平台鼓励卖家与买家二次互动，通过文字互评将买家转化为店铺粉丝。进而客户营销部门可以跟进，向店铺粉丝发放优惠券和上新通知，将老顾客转化为下次消费的潜在群体。

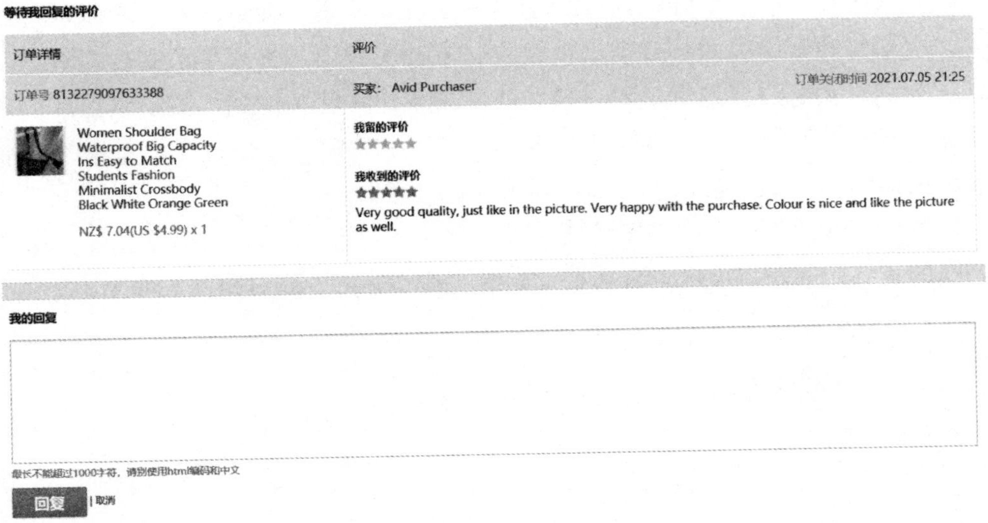

等待我回复的评价

订单详情	评价	
订单号 8132279097633388	买家： Avid Purchaser	订单关闭时间 2021.07.05 21:25

Women Shoulder Bag
Waterproof Big Capacity
Ins Easy to Match
Students Fashion
Minimalist Crossbody
Black White Orange Green

NZ$ 7.04(US $4.99) x 1

我留的评价
☆☆☆☆☆

我收到的评价
☆☆☆☆☆
Very good quality, just like in the picture. Very happy with the purchase. Colour is nice and like the picture as well.

我的回复

最长不能超过1000字符，请勿使用htm编码和中文

回复 | 取消

图 7-7　卖家留评区

【案例分析】

小马是某家居类目客服部门的负责人，其带领的客服部门共有4人（包括小马）。随着该店销量不断上升，其顾客范围逐渐遍布全球。在做客服过程中，小马发现顾客询单信息杂乱、重复问答较多，大大降低了工作效率。与此同时，每位客服按产品数量划分工作范围，如客服小A负责001～100号产品的所有客服问题。小马认为客服部门的工作结构与模式需要改良，但无从下手。

问题1：你认为小马的客服部在工作过程中会产生哪些问题？

问题2：你认为小马应从哪些方面改善客服部门的工作结构，提高工作效率？

—— 即测即练 ——

第 8 章

数 据 分 析

【学习目标】

■ 了解平台数据分析的内容。

■ 掌握数据分析各类指标的定义。

■ 掌握平台数据分析方法。

数据分析是店铺成长的驱动力，在跨境电商运营中，宏观上要关注世界经济局势，多维度分析行业市场数据。微观上则要将店铺内杂乱无章的信息和数据归纳总结，结合行业动态，发现背后的规律。对于速卖通店铺而言，每个运营模块均有其对应的数据，本章将从店铺数据、商品数据出发，挖掘店铺数据，梳理数据分析的方法。

8.1 店铺数据与指标

在商家后台主界面–我的速卖通，可以在抬头位置看到店铺整体数据与指标。速卖通按照综合运营能力将店铺划分为四个层级，即普通、腰部、高潜、高级，如图 8-1 所示。不同层级的卖家享有不同的权益。这四个层级表示店铺运营的质量和综合能力，并不代表销量。

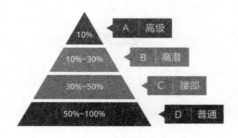

图 8-1 店铺层级

如图 8-2 所示，新店刚开设时，不会显示店铺运营的指标，当卖家 90 天内完成 60 个订单时，系统才能通过运营数据生成能力图。

构成图 8-2 所示能力图的 7 项指标分别如下。

（1）商品能力：是指商品建设的基础能力。例如，上传产品的频次、产品差异化、产品质量和品控等。

图 8-2　店铺综合评分

（2）流量渠道能力：是指基于产品的基础上，店铺商品整体的搜索表现，包括点击率、转化率等，侧面反映了产品标题、主图、属性和产品活力等。

（3）流量承接能力：是指基于已获流量的基础上，买家对商品的整体态度，如收藏、加购、平均停留时长、转化等。

（4）物流能力：是指商家发货的综合指标，包括发货速度、7天上网率、买家未收到货纠纷、海外仓建设等。

（5）服务能力：是指卖家的售前、售后过程中的服务分，如客服回复时效、服务好评得分等。

（6）客户运营能力：是指针对新卖家引流、老卖家复购等行为的综合营销能力，包括设置活动提升新引力、开发新品引流、与老客户互动等。

（7）规模成长能力：主要是指店铺营业额，包括其增速和规模。

视频 8.1　店铺诊断分析——成熟店铺突破阶段

以上 7 项指标的综合考核结果构成了商家运营能力综合分，分数越高，说明运营能力越强，越能得到平台流量的扶持和其他权益。以物流能力为例，图 8-3 中店铺物流表现已低于同行平均值。具体到物流的 5 项指标，

商品能力 ①	流量渠道能力 ①	流量承接能力 ①	物流能力	服务能力 ①	客户运营能力 ①	成长规模 ①

能力得分

我的店铺	同行平均	同行优秀	能力解读
33	59	82	您店铺物流能力低于同行平均水平！为进一步提升，建议定期优化物流方案，优化配货发货流程，实时关注订单物流状态，及时联系买家，备货海外仓。加油！
有待提升			

指标表现

DSR物流服务分	平均发货时长（h）	未收到货纠纷提起率	海外仓商品覆盖率 ②	7天上网率
4.91	21.04	1.29%	0.00%	91.49%
平均 4.89	平均 31.07	平均 0.73%	平均 18.91%	平均 97.36%
优秀 5.00	优秀 10.94	优秀 0.12%	优秀 100.00%	优秀 100.00%

提升指南

快速提升物流能力

物流概览 | 运费模板优化

图 8-3　物流能力指标

发现"平均发货时长""海外仓商品覆盖率""7 天上网率"均低于平均值。由此可分析得出，店铺需要重新设置物流模板，提高物流线路等级，降低经济类物流路线的比例，优化发货路径。尽管平均发货时长指标优于平均值，但 7 天上网率数值却在平均以下，说明国内段物流运作效率低。自建仓卖家可通过提升仓库工作效率、优化供应链来完善该指标，自发货商家则要在考察好供应链的基础上降低集成后再发货的包裹比率，提升一件代发的效率。

提升商家综合运营能力评分是一个良性循环的过程，综合运营能力越高，流量越多，权益越多，进而获得更多的机会和更大的竞争力。

8.2　商品数据分析

商品数据分析是速卖通卖家运营店铺的重要环节。通过商品质量诊断，观察商品点击量、转化率及客单价等数据，卖家可分析判断商品销售趋势及目标市场喜好，进而将信息反馈至生产端和销售端，实现精准营销。

8.2.1　商品诊断

商品数据分析主要包括上传产品质量、商品诊断、销售数据三大模块。上传产品时，界面右侧会实时提醒需要完善的指标，卖家可以边上传、边完善。商品诊断是根据已经上传好的产品属性、表现进行的固定指标的诊断，后台会将诊断评分的商品及原因悉数列出，卖家需根据指标问题修改。如图 8-4 所示，示例店铺的主要问题为图片质量问题，依此可判断示例店铺可能为铺货模式店铺，将其他产品图片搬运后

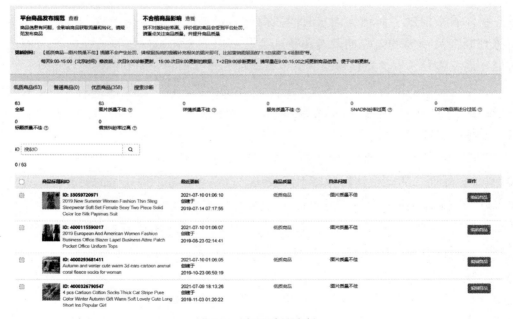

图 8-4　产品质量诊断

并未进行个性化处理，导致过程中像素降低。卖家应仔细审核店铺商品，对于已经取得销售权限的商品向授权方索要源图片，对自有品牌的商品进行专业拍摄，增加场景图等。

8.2.2 生意参谋

生意参谋起源于数据纵横，是速卖通在数据纵横的基础上，针对商品分析模块的升级与深入，现基于用户习惯，生意参谋仍保留了数据纵横的模块与功能，商家仍可进入老版模块。如图 8-5 所示，其为生意参谋的驾驶舱，显示的是店铺运营的宏观数据，商家可以更直观地了解店铺整体表现。

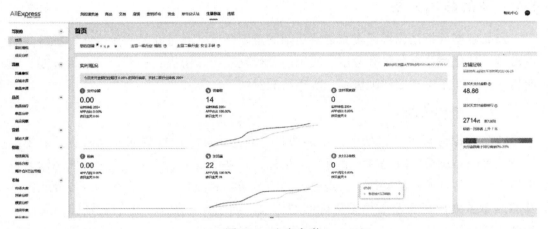

图 8-5　生意参谋

整体看板反映了店铺在固定时间段内运营走势的指标变化。商家可以通过整体走势判断商品销售的高峰期及客单价的变化。以此来协调广告投放时间及店面产品布局。商家需要特别注意该模块的客单价指标，它是衡量卖家利润的关键标准。

客单价是指店铺每一个顾客平均购买商品的金额，即平均交易金额。客单价的计算公式是：客单价 = 销售额 / 成交顾客数。一般情况下，客单价与店铺利润呈正相关，客单价越高，利润越高。

如图 8-6 所示，其客单价为 5.94 美元且最近一周呈上升趋势（较上周同期增长16.7%），然而，店铺整体转化率下降较快。这说明，近一周来访的顾客下单人次减少但购买的金额增加。如果商家此时采取措施提高支付转化率，并分析哪些商品带来转化，优化有点击无成交的商品，那么客单价的指标在未来仍有上升可能。因此，根据分析，商家需要回到商品流量界面，分析商品走势。

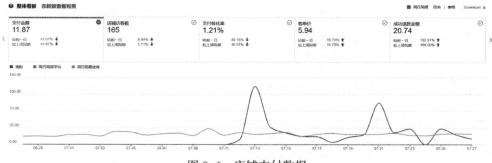

图 8-6　店铺支付数据

流量看板是分析店铺 App 和非 App 访客来源的数据模块，主要分析店铺来源构成及访客行为，辅助卖家分析广告投放渠道、商品改良、关键词优化及产品上新。流量看板重点关注三大指标。

（1）跳失率：是指顾客点击商品，只访问了一个页面就离开的访问次数占该页面总访问次数的比例。跳失率和商品类型有关，一般情况下，跳失率低于 50% 属于正常，但卖家若要精细化运营店铺，跳失率需要控制在 30% 以下。

例如，某潜在玻璃杯买家在速卖通移动端浏览平台推送时，发现一款玻璃杯在外形、颜色上均符合自己的需求，在点击商品之前，顾客已经完成了商品的"预浏览"。点击商品后，主图显示玻璃杯为磨砂非透明材质，与顾客需要的透明非磨砂材质相冲突，顾客离开界面，没有访问店铺，转而继续浏览平台推送。此类行为即为跳失，即商品被访问后给顾客造成"失望"，影响访问意愿和深度的一种浏览行为。如果顾客点击后，发现商品完全符合需求并立刻购买，则该行为为计入转化率的指标。

跳失率的指标越小，越有利于商家店铺运营。降低跳失率的方法主要有关联营销和精细化店铺首页，可参考 2.3 节和 4.2 节了解该模块的内容。

（2）人均浏览量：访问次数除以访问者，由此可判断店铺和商品黏性。

（3）平均停留时长：是指顾客浏览某一商品页面时所花费的平均时长，页面的停留时长 = 进入下一个页面的时间 – 进入本页面的时间。

如图 8-7 所示，店铺流量的主要获取渠道为买家搜索，来源渠道较单一。会场、导购频道、站外流量为零，说明卖家基本没有打广告，营销方式较少。

收藏、加购和支付的转化数据是构成转化看板的三大要素。收藏与加购在消费行为上较类似，但其背后的算法及买家的购买意愿是不同的。加购，即买家将商品加入购物车，但出于某种原因，并未在当下付款并考虑未来购买的一种行为。收藏比加购的购买意愿低，顾客收藏某商品后，平台会通过商品瀑布流不断推送此类商品，以促进转化，而加购商品表示顾客购买意愿强烈，则不会被反复推送至前台产品流。针对收藏和加购的买家，可通过发放优惠券等刺激购买，提高转化率。

图 8-7　店铺流量看板

支付转化率是指支付买家数 / 访客数,即来访客户转化为支付买家的比例。需要注意的是,店铺的支付转化率 = 店铺支付买家数 / 店铺访客数,而商品的支付转化率 = 商品支付买家数 / 商品访客数。

如图 8-8 所示,客单价走势既反映了产品的淡旺季,也反映了店铺的营销力度。通过分析走势,可以了解客单价的商品构成,通过关联营销、组合销售、对比销售等提高客单价。物流看板是对过去选定时间内,卖家选择的物流及其表现的展示与总结。它可以帮助卖家及时优化物流模板,调整产品发货路径,从而降低成本。卖家如果在物流看板中发现数据异常,可单击导航栏的物流分布,进一步查询详细信息。

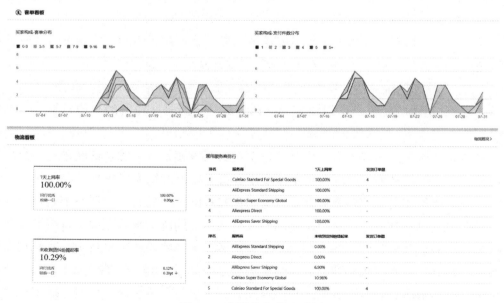

图 8-8　客单价与物流看板

　　除了在驾驶舱了解商品整体数据外，卖家还可通过左侧导航栏了解流量、品类等具体数据。

【案例分析】

　　小郭是某家居类目的运营商家。其店铺的生意参谋模块显示某沙拉沥水碗和烘焙模具这两款产品的曝光、点击、加购及收藏数据均排名前列，属于高潜产品。但经过一周的观察，小郭发现该两款产品转化率较低，销量始终无法实现质的突破。

　　问题 1：小郭产品转化率低的原因可能有哪些？

　　问题 2：你如何从数据分析的角度，全面诊断小郭的产品？

──────────── 即测即练 ────────────

第 9 章

速卖通平台支付与回款

【学习目标】

- 了解不同币种定价、回款的优劣势。
- 了解不同国家的支付方式。
- 了解国际支付宝回款流程。
- 熟悉五种回款类型。

支付与回款是影响商家资金流稳定的直接因素。卖家收款币种的选择也会影响回款收益，合理使用收款工具，提高经营指标，有利于缩短回款期、提高资金流管理。

9.1 速卖通平台支付方式

速卖通支持海外 20 多种付款方式，包括信用卡、网银转账等，所涉手续费均由买家承担。卖家在回款时，可以选择人民币或美元收款，但如果从美元收款切换至人民币收款，则不可再次退回到美元收款。不论是人民币结算还是美元结算，平台始终遵循以何种货币报价即以何种货币回款的原则。

9.2 速卖通平台回款

速卖通平台回款大致分为以下五种情况。

（1）普通回款：买家确认收货或系统自动确认收货加 15 个自然日（或平台不时更新并公告生效的其他期限）后。

（2）提前回款：速卖通根据系统对卖家经营情况和信用进行的综合评估（例如经营时长、好评率、拒付率、退款率等），可决定为部分订单进行交易结束前的提前垫资放款（提前放款）。提前放款在发货后的一定期间内进行，最快放款时间为发货 3 ～ 5 天后。

（3）账号关闭后回款：如卖家账号清退或主动关闭的，针对账号被清退、关闭前的交易，为保证消费者利益，平台在订单发货后 180 天放款。

（4）违规回款：如速卖通依据法律法规、双方约定或合理判断，认为卖家存在欺诈、侵权等的，平台有权视具体情况延迟放款周期并对订单款项进行处理，或冻结相关款项至依据消除后。

（5）COD 回款：COD（货到付款）适用于交易金额不大的订单。回款时，买家将金额交给物流公司，物流公司线下转账给速卖通平台，再由平台放款给卖家，结算周期在 26～33 天。速卖通平台采用 COD 支付的国家主要为沙特阿拉伯等中东国家。COD 不支持线下发货，只能使用平台指定的物流（无忧集运等）发货，如果商品发出后买家拒收，包裹则在目的国销毁，卖家承担全程运费和包裹价值，没有赔付。

　　卖家可以从"资金结算记录"查询货款走向，界面主要分为订单资金记录、订单放款记录、订单退款记录和平台垫资归还四个板块。如图 9-1 所示，卖家可以导出选定时间的资金记录，查询货款退还及佣金扣除的情况，并通过宏观数据计算产品盈利，进而调整出价策略。

图 9-1　资金结算记录

　　商家在速卖通平台可使用支付宝国际账户（速卖通账户已并入支付宝国际账户）进行回款。支付宝国际账户目前只有速卖通与阿里巴巴国际站会员才能使用。支付宝国际账户是支付宝为从事跨境交易的国内卖家建立的资金账户管理平台，包括对交易的收款、退款、提现等主要功能，账户为多币种账户，包含美元账户和人民币账户。卖家直接用速卖通账号或阿里巴巴国际站会员账号登录即可。图 9-2 为国际支付宝首页，卖家可通过转账和提现两种方式获得回款。

　　如果卖家回款方式选择美元，则提现时要注意汇率的变化。例如，卖家小马从 5 月开始销售某品牌商品，12 月准备提款，发现销售时汇率是 1:6.7，回款时汇率是 1:6.32，在销售额较大的情况下，此时提现则会造成损失。小马可以选择继续观望，选择别的时间提现，或者切换至人民币回款账户，避免因汇率浮动造成损失。

图 9-2　国际支付宝首页

如图 9-3 所示，卖家每次提现，汇率有效期为 15 分钟。提现账号金额不等于提现可用金额，提现金额是已经回款的金额，卖家需输入小于等于"可用余额"的数字。

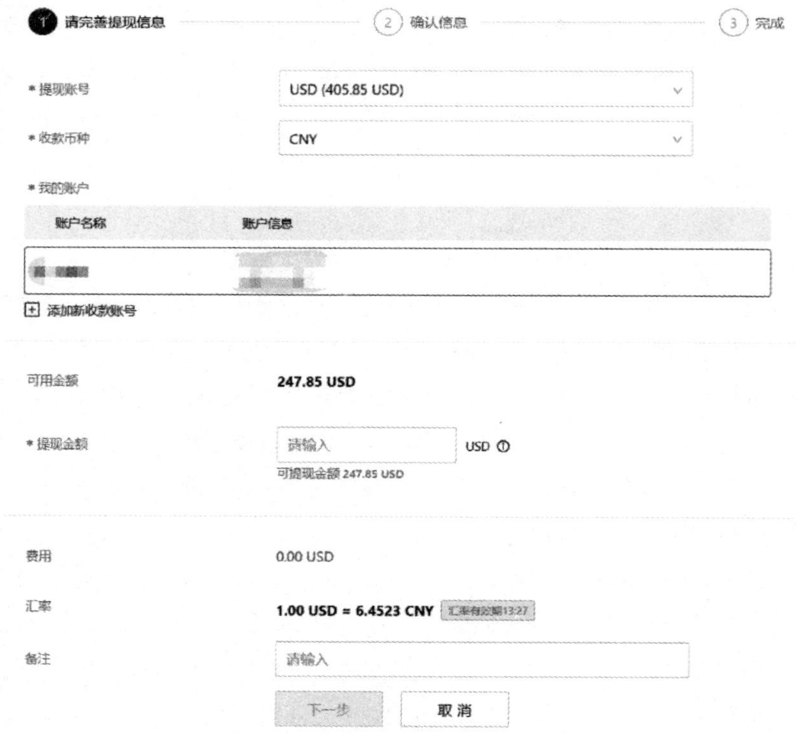

图 9-3　国际支付宝提现 – 信息填写

　　填写完毕后，卖家需要确认信息，输入支付宝国际账户密码并通过绑定手机接收身份验证码，双重验证后，提现完成，如图 9-4 所示。

| 请完善提现信息 | ② 确认信息 | ③ 完成 |

| ⓘ 请确认您的取款金额以及银行信息，此操作确认后不可撤销。 |

提现金额：	**247.85 USD**
费用：	**0.00 USD**
汇率：	**1.00 USD = 6.4523 CNY** 汇率有效期10:14
净金额：	**1,599.20 CNY**
收款账号名称：	▓▓▓
收款账号信息：	▓▓▓▓
备注：	20210803

| * 支付宝国际账户支付密码： | •••••••••••• | 修改密码 |

【确认】　【返回】

图 9-4　国际支付宝提现 – 信息确认

　　国际支付宝仅支持同名法人或企业账户提现，非同名的现金流活动仅可通过转账功能实现。

【案例分析】

　　小吴是某箱包类目的卖家，其销售的箱包客单价高，对资金流动要求较高，店铺的金融工具为国际支付宝和万里汇。小吴发现速卖通的回款周期是 15 天左右，认为自己的流动资金不足以支撑后续的爆单活动。同时，小吴在管理资金流的过程中，发现将资金取出成本较高，其赚取的部分收入要转给 1688 供货商，另一部分用于店铺其他开销。

　　问题 1：小吴可以使用国际支付宝的哪些功能缩短回款周期？使用哪些功能可以简化支付 1688 供货商的支付程序？

　　问题 2：你认为小吴可以通过哪些途径解决当下的资金回款痛点？

────────◦── 即测即练 ──◦────────

教师服务

　　感谢您选用清华大学出版社的教材！为了更好地服务教学，我们为授课教师提供本书的教学辅助资源，以及本学科重点教材信息。请您扫码获取。

≫ 教辅获取

本书教辅资源（课件、大纲、试卷、案例解析、思政元素表），授课教师扫码获取

≫ 样书赠送

电子商务类重点教材，教师扫码获取样书

 清华大学出版社

E-mail: tupfuwu@163.com

电话：010-83470332 / 83470142

地址：北京市海淀区双清路学研大厦 B 座 509

网址：http://www.tup.com.cn/

传真：8610-83470107

邮编：100084